從「愛」開始
以「愛」結束

彌賽亞之法

The Laws Of Messiah

From Love to Love

Ryuho Okawa
大川隆法

台灣幸福科學出版有限公司

前言

透過本書，我重新將焦點聚集於「何為彌賽亞」之上，並進行論述。

事實上，我自己也尚未到達最終的目的地，所以本書內容就像是一份中途報告。

與此同時，「彌賽亞之法」也並非是在上了年紀，接近死亡之時就能講述。

我集中並連續地講述這些教義，以便讓自己的人生無論在何時結束都無妨。

這就是大川隆法滿六十五歲之際，所講述的「彌賽亞之法」（救世主之法）。

二〇二一年　十一月

幸福科學集團創立者兼總裁　大川隆法

目錄
Contents

前言……2

第1章

埃洛希姆的本心
——區分善惡的地球神之教義……13

1 「地球規模之善惡」的起源……14

2 迷失了「神之律法」的現代，難以判斷「善惡」……21
當領導者的想法偏離了神心，會變成怎樣？……21
否定神的思想的統治者所實施之「極權主義」的危險性……25

3 日本應看清未來，說該說的話……31

4 人們應察覺二十一世紀極權主義的危險，並為自由而戰……36
警鐘①——日本的為政者在疫情期間嘗到了「壓制國民權利」的滋味……36
警鐘②——「AI極權主義」和「監視資本主義」的崛起……39
．中國透過攝影機與無人機對人群的監視……39

・連美國總統的言論都能封殺的巨大企業的權力 40
・在香港實際體驗到的「言論鎮壓」 42
創設自由，打造能明辨善惡的社會 44
5 在八十億人口的時代，救世主的工作實為沉重 47
人類啊！要請抱持信仰心、要聆聽神的話語 47
做為「救世主的工作」，我想要改變人類的錯誤想法 50

第2章

現今彌賽亞應說之事、應做之事

——給處於人類史的轉換點之地球的指針 55
1 「現代的彌賽亞」降臨於二十世紀的時代背景 56
2 強國的侵略歷史與「彌賽亞」 62
從歷史所見之「弱者的敗仗」 62
以核武保護國家的以色列，與對抗以色列的伊斯蘭教國家 66
在遭受強國擺弄的悽慘歷史中所出現的「猶太預言家們」 69
・摩西 69

・耶利米……72
・耶穌……75
打壓「信教自由」、「言論自由」之中國的威脅……76

3

原子彈爆炸所帶來的「地球之轉捩點」……79
從西元二〇〇〇年的階段，思考第二次世界大戰的「歷史上的ｌＦ（假如）」……79
原子彈爆炸的影響① 「宇宙存在」的真正介入……82
現今，外星人想對頻繁出現幽浮的日本傳達何種訊息？……87
原子彈爆炸的影響② 二十一世紀戰爭的樣貌將會改變……90

4

守護世界和平的「彌賽亞真正的工作」……94
為了抑止「唯物論、科學萬能主義」之惡持續蔓延，人類必須對地球神抱持信仰……94
在「戰後的反省」便停止思考的日本所面臨的危機……97

5

在地球神的眼中，「共產主義」為何危險？……101
共產主義的危險性① 肯定「暴力的革命」將會引起大規模的虐殺……101
共產主義的危險性② 人們將會失去「勤勉的精神」、「資本主義的精神」……103
共產主義的危險性③ 「沒有信仰」將產生地上的暴君……107

6 現代的彌賽亞向人類講述「現今，應做之事」……109
站在二〇〇〇年的立場來思索，我們必須要保護香港與台灣……109
新型冠狀病毒是中國的生化武器，中國還可能再製造新的武器……112
不可袖手旁觀，讓正義滅亡……114
描繪出從地球神的角度所見之「人類的應有之姿」……115
即便是「小規模的戰役」，若是具象徵性的意義，就該堅決奮戰、獲得勝利……117

第3章

彌賽亞的教義

——改變為依據「神的話語」之價值觀的戰役……123

1 分辨神所揀選之「彌賽亞」的難度……124
2 從歷史所見之彌賽亞與地上權力之間的「價值觀之戰」……129
單靠「話語」和「思想」，與擁有軍隊的掌權者對戰的困難性……129
若是惡用了制度，制度本身有時會變成支配國民的權力……133
・新舊價值觀之間的戰役①——日本的宗教戰爭……136
・新舊價值觀之間的戰役②——對於基督教的不信任與鎮壓……139

歷史當中的勝利者會葬送對立的價值觀……146
3 現代當中讓「彌賽亞的教義」出現混亂的勢力……149
利用「反地球暖化的格蕾塔」的人們……149
人類亦需要足夠的智慧，看穿「圖謀惡事之國」的陰謀……154
4 現代所需之彌賽亞的教義……160
即便天上派遣彌賽亞至世間，也無法將思想滲進共產主義圈的難處……160
在價值觀錯綜複雜的此刻，為了改變未來，彌賽亞的應說之事……167
・針對獨裁、極權主義體制之國以及民主、自由之國……167
・針對伊斯蘭教圈……168
・針對法治國家的制度……169
・針對新聞報導、網路社會……172
在彌賽亞的教義之下，打造堅固的「區分善惡的價值觀體系」……173

第4章

地球之心
——為人類帶來靈性覺醒的「香巴拉」……177

1 關於名為「香巴拉」的地球祕密……178

2 成為彌賽亞的秘儀傳授……185

彌賽亞透過「香巴拉的修行」，徹底領悟靈性世界的真實……185

在香巴拉進行能參悟宇宙的靈性覺醒修行……190

「愛爾康大靈」是創造出具備救世主資格的香巴拉之主……196

香巴拉的覺者① ——「年輕時期耶穌．基督」的修行之旅……199

香巴拉的覺者② ——「約翰．藍儂」的靈性覺醒與尋找香巴拉而消失的「老子」……201

香巴拉的覺者③ ——「牛頓」、「愛因斯坦」等數理系大師以及靈性大導師的存在……203

香巴拉的覺者④ ——賜予香巴拉力量的海爾梅斯與奧菲爾利斯……206

香巴拉的覺者⑤ ——在香巴拉獲得靈性覺醒的耶穌的「確信」……207

香巴拉的覺者⑥ ——累積了靈界體驗的「蘇格拉底」與「柏拉圖」……209

3 如何找回「香巴拉之心」……212

動搖那些近代以後，不承認靈性的大眾與學問……212

透過兩個革命，保護受到中國威脅的地球靈性中心地香巴拉……217

還存在著眾多「祕密的世界」……220

第5章

彌賽亞的愛

——在靈魂修行之地「地球」的愛的應有之姿

223

1 從「世間的機制」來思考彌賽亞存在的理由 224

即使是偉大的靈魂，這一世也得從零開始 224

各個不同時代、地域的貧窮事例 229

・二十幾年前印度的乞丐與赤腳孩童 230

・看著報紙的現代日本流浪漢 232

「世間是靈魂修行之地，人生是一本習題」之真相 234

2 在人類的靈魂經驗中不可忽視之事 237

以自我為中心、獨占欲強的人，有時會變成「不如動物」的存在 237

從職業選擇所見之現代高等教育的問題點 241

在「人生的岔路」上，考驗人會做出何種選擇的靈魂測驗 246

・選項① 鐵軌上的一個好朋友與五個陌生人，你會救誰？ 246

・選項② 掉進水裡的兩個人，你會救誰？ 248

・選項③ 去救無力自救的人，還是去救自己的親人？ 249

・選項④　當信仰與家庭的價值觀產生碰撞之時……250
3　世間的常識與信仰之戰……253
耶穌要求人們選擇信仰而非世間常識……253
即使與世間的價值觀相悖，釋尊也努力建立社會信用……257
將早期佛教的出家狀況「進行惡意利用」之奧姆教的反社會性……263
一邊建立世間的信用，一邊廣佈教義的宗教的應有之姿……266
4　瞭解「主神」之愛，並傳遞出去吧……269
現今眾人認為所謂的愛就是從他人身上獲得……269
為他人奉獻愛與德，並且拚上了自己性命的救世主之姿……272
耶穌講述的兩個「重要的教義」……276
・①愛你的主神……276
・②愛你的鄰人……278
唯有超越利害關係，徹底地施愛，「神的教義」才得以廣佈……279
持續守護靈魂修行之地「地球」，了解統率宇宙的「主神」之愛……284
後記……290

第1章

埃洛希姆的本心

——區分善惡的地球神之教義

1 「地球規模之善惡」的起源

本章〈埃洛希姆的本心〉，內容源自於我在總本山正心館舉辦誕生慶典時所講述的法話，也是二〇二一年第七十七次的說法。這是一個有點稀奇且有點困難的講題。

二〇二一年秋天，幸福科學上映了電影「宇宙之法」的第二集埃洛希姆篇（製作總監、原作大川隆法），不過光是靠影像尚且無法詳盡傳達埃洛希姆的教義及想法，因此我想整理出埃洛希姆的基本想法並傳達給各位。其想法對身處於現代煩惱與混亂的人類來說，能夠成為思考的「基準」。

我想再次告訴各位，在地球生存的人類如此繁榮以前，在那不像是現今如此高溫的金星上，其實就已存在著人類型的生命體。如今，金星非常高溫，並被化學氣體籠罩，所以人類變得無法居住在那裡。

隨後，在距今六億年前，我立定了下一個目標，也就是在地球打造人類型的文明。於是，從金星來到了地球之後，我將名字「愛爾米奧靈」（El Miore）更改為「愛爾康大靈」（El Contare）。

「愛爾」基本上是「神」或「神光」的意思，「康大靈」則在義大利文、西班牙文和拉丁語系中有著「歌曲」的意涵。整體上即是「地球之光」或「地球神」的意思。

愛爾康大靈在六億年前，開始著手創造地球人類。而在距今三億三千萬年前，祂第一次將自己的靈魂化身為肉體，降臨於地上世界，名為「阿爾法」

（Alpha）。我曾對教團內部講述過「阿爾法之法」，並闡述了祂作為創造神、造物主的想法，以及祂所做的工作（參照宗教法人幸福科學發行《阿爾法之法》）。

之後，第二次持有著肉體來到地球時，名為「埃洛希姆」（Elohim）。阿爾法、埃洛希姆皆是在地上的名字，本名是愛爾康大靈。

埃洛希姆在一億五千萬年前降生於世間，長久以來以埃洛希姆之名指導著人類，所以在《舊約聖經》當中也出現了埃洛希姆的名字。在伊斯蘭教徒中，有時也會有人向埃洛希姆祈禱，取代向阿拉祈禱。這是我在加拿大講演時，一位流亡於加拿大的維吾爾人說的。這位人士說到，「我們並非是呼喊著阿拉，而是呼喊著埃洛希姆而祈禱」，因此，埃洛希姆是個自古以來就被使用的名字。

現今，我以愛爾康大靈之名，向各位重新講述「新時代之法」，以及「為了創造今後長久人類歷史之基礎的教義」。教義涉及的面向極為多樣，所以我不知道能有多少內容流傳至後世。但是，應該有人想要學習各種詳細的內容，因此我才講述著各式各樣的教義。

然而，本章的主題是「埃洛希姆的本心」，所以我想將焦點集中在第二次轉生於地球，並在電影「宇宙之法－埃洛希姆篇－」出現的埃洛希姆，當時祂在地球傳達了何種基本的想法。

在埃洛希姆之後，世界各國講述著各個民族神的教義，但由於彼此的教義之間有著矛盾，進而成為了戰爭的原因，或是造成彼此不和諧、上下之別的歧視原因。在本章我想回到原點，講述原本的主神的教義內容。

所謂「阿爾法之法」，簡單來說即是「造物主之法」，內容闡述了「人類在世間持有著肉體，應該以何作為目的，又該打造何種世界」之充滿希望的教義。此外，為了推動生於地球之生命體，也就是人類的進化，阿爾法也從其他行星招聘了可住在地球的外星人。

也因此，在阿爾法的時代，祂講述了「創造之法」以及「為了讓各種來自宇宙的生命體能夠在地球共同生存之法」。

在那之後過了一億數千萬年，到了埃洛希姆的時代，則是迎來了需要更加明確講述「地球規模之善惡」的時代。

當時，地獄界不像現在如此清楚地被劃分開來，不過那時人與人之間已經多少出現了不和諧以及高低差距。有很多人在離開世間之後，想要依據當時活在世間的價值觀，決定自己在靈界的生活態度、地位。

當時的人們身處於地上之際，的確是抱持著「為了讓這地上烏托邦化，進而創造出理想社會」的目標。但是，在這地上實現那般理想之時，開始出現了眾多忘卻自己在靈界本來的使命，進而對地上世界出現執著的人們，或者是眾多把這三次元世界當作是真正的世界，對靈界毫不關心的人們。

並且，人們還開始將在地上的身分高低、財產多寡、黑白黃等的膚色差異、性別差異，當成自己在靈界當中的差異。

即使當時尚未出現明確的地獄界，但是在四次元世界，卻開始出現住在「高台」或「山丘」上的人們，又或者是住在「洞窟」、「低窪沼澤地」當中的人們。漸漸地，這開始演變為正式的地獄。

就如同電影中的場景一般，大約在一億兩千萬年前，七大天使長「米迦勒」的雙胞胎弟弟「盧西弗」，以「撒旦」之名轉生於世。他因為嫉妒神，最終被他的哥哥米迦勒所擊倒。更甚至，由於他在世之時認為「嫉妒神有什麼不對、自己想要變成神有什麼不對」，所以死後墮入了地獄，成為地獄帝王。這就是地獄界的首領。

他有著眾多的手下，大致上死後變成了惡魔之人，皆是歷代的惡劣帝王、暴君，或是蠱惑人心的宗教家、思想家，抑或是有著社會地位及影響力，卻將眾人引導至錯誤方向的人們。這些人成為了惡魔之源，長年以來跟著盧西弗，做著各種壞事，並且試圖在世界各國擴大地獄界的領域。

2 迷失了「神之律法」的現代，難以判斷「善惡」

當領導者的想法偏離了神心，會變成怎樣？

生活在這個世間當中，有很多時候無法明確地區分「何者為善、何者為惡」。

比方說，在世間當中有著受人尊敬的職業、受人欣羡的家世、財產，或者外表看起來顯赫的事物。又好比現代，有著令人仰慕的歌手、演員等職業。然而，在世人感到羨慕的人物當中，亦存著神所認同之人，以及神無法予以認同之人。

就好比拿日本的總理大臣來說，即使有著回到天上界的總理大臣，但很遺憾地，也有墮落至地獄的總理大臣。

人類非常難以區分出其差異。那是因為，人們並非是以「神之律法」加以判斷，而是用在地上的人們所訂定的法律或想法來加以判斷，因此未必能說那總是正確的。

此外，在這兩百年以來，人們對媒體都抱著很大的期待，希望它能為了防止惡劣的領導者出現，在必要之時，扮演加以批判、攻擊的角色。然而，終究還是出現諸多善惡不分的媒體。他們在判斷事物時，是以「世上的常識、知識」，或者是「世間的學問、科學」作為前提，因此當那些世間的想法出現差錯，善惡的基準就會有所偏差。

所以，我就不明講是哪一個國家，一個在世間「最知名的記者」，和自己過去生前攻擊的對象，很遺憾地在死後都墮入了地獄。因此，在這世間的對戰未必都是「天使」與「惡魔」之戰，有時是「惡魔」與「惡魔」之間的對戰。這確實是現今難以處理的問題。

如果人們能夠瞭解「自己創造出來的事物終究不完美，所以需要對神佛抱持信仰心、向神佛祈禱，並瞭解自己所創造的政治制度、法律之上還存在著神佛的概念。並且，作為佛神代理人的政治家和立法者，必須將神佛之心反映在世間的制度和法律上」的話，那還另當別論。不過，現今卻出現了眾多與此相左的想法。

譬如，現代社會普遍接受的民主主義、議會制、政黨制度、法治國家的思想等等，大多源自於西方的民主主義的想法，但在這當中也有一些想法不可全盤接受。

先前所述的「法治主義」，最終也只不過是透過世間之人的多數決來決定事物，但若是世間的常識有錯誤，或是占多數的人們並非是會向神祈禱之人，只是為了自己的私利私欲，進而基於錯誤的想法，試圖透過某種法律，以便保全自己的利益的話，那麼那樣的法律則有著讓世間變成地獄的力量。

即便是選舉型的民主主義，當過半數的人們並未抱持信仰，甚至受到惡魔的慫恿，活在世間的誘惑當中的話，很遺憾地，那樣的體制也難以稱為完善。

此外，搞著一黨獨裁、專制政治的人們，若是抱持著「掌權者的想法，就如同神的旨意一般的正確」的想法，進而統治著幾億、十幾億人民的話，一旦掌權者的想法偏離了神心，此人就可能會開始對十幾億的人民進行洗腦，不准他們接受其他的想法。甚至於，掌權者還會限制人們的自由，強迫人們接受

「撤除政治，自己身處在非常自由的國家」的想法，並禁止批判領導者。

中國就是如此，北韓也是如此，緬甸也同樣不允許人們批判當權的軍事領導者。即便是像泰國那般信仰佛教的國家，也同樣不允許人們批判國王。就算不是在泰國國內批判，而是在國外批判，一旦被發現，當此人一到泰國就有可能被逮捕。

也因此，當世間的掌權者開始想要保護自己那像是神一般的全能力量時，很遺憾地，有時就會在這世間當中出現地獄。

否定神的思想的統治者所實施之「極權主義」的危險性

關於極權主義，我曾經多次論述，極權主義的特徵，即是掌權者認為暴力革命、暴力統治是理所當然之事。

甚至，他們想要動用「祕密警察」，譬如透過竊聽、跟蹤、錄影監視等等手法來管理國民。

而且，他們還建立了強制收容所，將那些反對當權者的人們，都關進收容所裡加以隔離。

實際上，那些否定了神的思想的人們，死後都被隔離在無間地獄，無法與他人交談。因為他們是思想犯，若是與他人接觸，其思想就有擴散的風險，於是他們會被單獨隔離在漆黑的暗夜中。但是在這世間當中，有很多人將反對自己的人們當作政治犯，並加以隔離。若哪個國家有著如此特徵，就意味著該國有著極權主義的傾向。

再者，有一點不可忘記的是，這般極權主義國家大多會發生叛亂，對於那些叛亂，掌權者必定會採取鎮壓手段，藉以粉碎叛亂。他們向來有著如此傾向，認為只要鎮壓、粉碎叛亂，便能迎來和平與安定的秩序，但我必須清楚地強調「事實絕非如此」。

鎮壓了叛亂以後，國家將迎來更恐怖的局面。極權主義國家總是不斷樹敵，總是會創造出新的敵人。他們會一個接一個地創造出敵人，不斷與敵人對戰，並加以侵略、粉碎。這即是極權主義的可怕之處。

有人將革命視為絕對的善，但我認為革命的目的，終究是為了「樹立政治上的自由」。

所謂「政治上的自由」，即是要反映人們的各種想法，並且在探求「何為正確」的議論當中進而為政。我認為，現今需要的正是這樣的政治。

有很多國家在革命成功之際，會反過來鎮壓反革命運動的人們，並將其關進強制收容所，甚或加以處刑。這就不配稱為真正的革命，只是一種國家規模的恐怖攻擊罷了。

特別是，這種國家過於肯定暴力，並且認為「國家的存續才是首要任務，國民必須為國奉獻，反抗國家的人都不是國民，必須加以鎮壓」。對統治者來說，如此作法十分便利，卻是極為危險的想法。

若要再說的更明白一點，香港就是一個例子。香港的面積非常小，僅居住著幾百萬的居民，但此地過去曾是世界第三大國際金融中心。我要強調，這是指「過去」曾是一個國際金融中心。

失去了自由，終究也不會擁有經濟上的繁榮。當中國將「一國一制」套用在香港，把中國內地的做法套用在香港時，香港便隨即發生諸多混亂，以及鎮壓革命運動等問題。這是極為不合理的狀況。

在北京政府的領導者當中，存在著不懂經濟原理之人，雖然人們呼喊著「慶祝共產黨建黨一百週年」，卻無法看清共產主義革命中的錯誤，僅一味地禮讚革命所帶來的成果。

當然，我認為若人們能夠從封建社會中解放，被賦予平等的機會、爭取成功的自由，這也是一個不錯的社會。然而，若是人們為了實現結果上的平等，理所應當地開始單方面施行暴力，壓制人權、限制自由的話，就會發生巨大的不幸。

我想說的是，若是將嫉妒心合理化，就不可能打造出烏托邦世界。如果掌權者不惜摧毀他人的成功，也要維護自己的權力，那麼即使此人再如何偽裝，終究會遭受人們的抵抗。

過去就有一個國家，殺害了兩百萬人的國民，並且還將從國外回來的知識份子全部處死。有時世間，就是會出現將說著不同意見的人處死的體制。

然而，錯誤就是錯誤。終究，各國必須要對這樣的國家加以批判。若是將來自國外的批判當成是「干涉內政」，完全充耳不聞，並且一元化地管理國民，甚至將國民置於監視體制之下的話，那就是一個極其危險的國家。

3 日本應看清未來，說該說的話

雖然二十世紀是戰爭和革命的時代，但二十一世紀也可能以不同的形式，迎來恐怖的未來。現今，我們必須重新整理世間的想法。

現今時代有所變化，科技的發達能夠迅速處理各種事物，若企業只為了謀取利益，心想只要能大量製造能賺錢的商品的話，就可能會在大局上出差錯。

比方說，如今在中國監視攝影機的數量，多達「每兩位國民就有一台」。而攝影機的零件絕大部分都是日本製，所以多半是由日本的企業生產，這些企業必須考慮如此商品最終會以何等目的運用。

此外，能給予長期身處貧窮的中國國民，工業方面的就業機會，那也是件好事，讓他們的經濟能夠有所成長也是可喜之事。

但是最近有些日本企業為了降低成本，在被中國政府強制人們勞動的「維吾爾自治區」製造商品，並用薄利多銷的方式販售。對於這些日本企業，法國政府施予了制裁，然而日本政府卻逃避評論這個議題。

雖然經濟與政治難以切割，但是擁有一定影響力的國家，就該明確地說出「何種行為為善」、「何種行為為惡」。

外國所投下的資本，若能實現眾人的經濟繁榮，創造出新的工作機會，固然是件好事，但那必須是建立在「過程中不可鎮壓國民、不可折磨國民，不可用不人道的方式對待國民」的條件之上。

過去，在美國林肯總統的時代，人們在美國南部強制黑人種植棉花，使其受到非人的待遇。人們為了維護自己的財產權，進而引發了南北戰爭。

南部的人們不但將黑人視為財產，還主張「需要黑人來種植棉花」。雖然林肯想避免美國人之間的內戰，但是他在思索「何為正義」之時，終究認為「將人類奴隸化是個錯誤的行為」，進而發動了戰爭。最終，雖然死了六十一萬人，卻也讓林肯成為了美國最有名的神。

因此，有時必須要說出縱使會伴隨痛苦，還是得說出來的事。

現今，北京政府的極權主義完全壓制著香港，對「蘋果日報」那般小規模的報社，凍結其資產，使其無法發行。在世界眾目睽睽之下，中國做了如此舉止，並且對於來自國際社會反對的聲音，聲稱是「干涉內政」。

如果香港變得與北京所統治的其他地方一樣，進而維護了和平、秩序，並且世界變得安全的話，那姑且可以理解。但是看到中國有著「極權主義的傾向」，那麼中國鎮壓了香港之後，就會想要鎮壓台灣。無庸置疑地，絕對會變成那樣。再之後，中國勢必會想要拿下尖閣諸島、沖繩，也會想從菲律賓的島嶼拿下菲律賓本島，亦會想要奪取越南。為此，北京正掌控了緬甸的軍事政權，一步一步地佈局中。

美國雖知中國的危險性，但美國的民主主義卻像是鐘擺搖擺，在拜登取得政權半年之後，他們才知道過去自己的主張錯了，川普所說的才是正確的。現今美國終於進入了「修正軌道」之路。

當時，川普所說的都被當成是「陰謀論」，被認為都是他捏造的。如今，美國開始反省，終於做出美國該做的判斷。不過已犯下的錯誤，還是讓美國後退了一些。

我由衷地希望美國，今後能作為一個像樣的國家，發揮美國應有的機制。

對此，日本政府也有著相似的一面。希望日本的政治家不要盡是想著在自己任期當中，執行「讓人們認為是自己功勞」的政策，而是要抱持著更為普遍，能橫跨十年、二十年，甚至放眼更長久未來的「正確」思想。

4 人們應察覺二十一世紀極權主義的危險，並為自由而戰

警鐘①日本的為政者在疫情期間嘗到了「壓制國民權利」的滋味

被夾在美國與中國之間的日本，似乎也開始出現一點極權主義的傾向。在這一、兩年之間，為政者嘗到了只要自己發出一聲號令，就能壓制國民權利的滋味。

他們不僅能使特定業種破產，還能發出「禁止外出令」，也能禁止人們移動至其他縣市。譬如，在進行此次法話的隔天，政府將發布「緊急事態宣

言」，屆時如果人們像今天一樣，從東京前來栃木縣聆聽法話的話，當地居民必定會產生戒心，以「怎麼可以從東京帶這麼多病毒到栃木」的眼光看待外來的人們。

就政治家而言，一旦嘗到了權力所帶來的滋味，通常就難以放手了。不過，這和北京政府的想法有著相似之處，所以必須要多加留意。

如果政府發出的命令，在某種程度上是在常識範圍之內的話，那麼還能接受。一旦那些命令變成常態化，政府有著「只要發出命令就能快速解決一切」的想法時，人民應該會加以抵抗吧。

日本在發出第三次「緊急事態宣言」時規定，人們雖可觀看電影，卻不能進入電影院，而且三百坪以上的電影院無法營業。對此，有兩位電影導演出來抱怨，如此禁令才得以解除。

即便「順從」是日本國民的美德，但若感覺到有點「奇怪」，終究還是要說出應該說的話，而非默默地聽從指令。如果認為「明明電影院從來沒有爆出新型冠狀病毒的集體感染，為何要遵從那些指令」，那就要對外說出「這是很奇怪的作法」。

現今政府為了哄騙國民，聲稱要發補助金，進而大量地撒錢。但人們必須要注意，今後會迎來巨大的經濟恐慌，或是特定的產業可能會面臨悲劇。即使能一時逃過一劫，但終究可能無法撐到最後。

除此之外，最恐怖的就是人們會開始厭惡彼此。至今被視為「經濟原理」之一的思想，譬如「藉由讓眾人利用、消費，進而使事業得以發展」的想法，現今正從根本上面臨著極大的動搖。漸漸地，人們會開始認為「人與人之間應保持距離，彼此厭惡拒不見面才是正確之道」。

這雖然有方便的一面，但亦有不便的一面。

礙於不能在聚集一萬人以上的場所舉辦講演，作為本章內容的法話也只能在總本山・正心館舉行，並進行衛星轉播。雖然進行衛星轉播，能讓更多人們聆聽法話是件好事，不過如此狀況若持續下去，就不能排除政府今後會針對特定的對象，限制集會活動的可能性。人們必須察覺到這般「危險性」。

警鐘②「AI極權主義」和「監視資本主義」的崛起

・中國透過攝影機與無人機對人群的監視

進入二十一世紀的另一個變化，即是所謂「AI極權主義」的體制開始崛起。對此，目前還沒有足夠的解釋與判斷。

ＡＩ能為人類處理極大數量的數據並做出判斷。我在前文提到了中國的監視攝影機的數量多達「每兩位國民就有一台」，此外還有無人機到處飛繞。

譬如，無人機能辨識沒有配戴口罩的人臉，一旦被拍下了照片，此人就可能會遭到逮捕。甚至，若此人被帶到某個收容所，其家人也不知此人的下落。諸如此類的事情將不斷發生，這已經超越了一般大眾所能接受的範圍，侵犯了人權。

對於這樣的「ＡＩ極權主義」，在那些公司工作的人們或許為了錢，多少得要忍耐，但是這些人必須知道「不可為此感到歡喜，終究，人權是不可侵犯的」。

・連美國總統的言論都能封殺的巨大企業的權力

若要用其他相似的話語來形容，那就是人們已迎來「監視資本主義的時代」。

我並非僅是指像中國那樣的國家。美國、日本、中國、其他地方也都有著如此一面。這樣的監視資本主義由「GAFA」而來，也就是谷歌、蘋果、臉書、亞馬遜等巨大企業。

對於擁有世界規模數據的巨大企業來說，現今是一個極為便利的時代，他們也因而賺取了莫大的利益，有一些地區也為當地政府增添了不少稅收。這些類似GAFA的企業出現，其實意味著一種「新的權力」的崛起，他們能透過電子數據，一元化管理所有客戶的資訊。

對此，目前在大局上的判斷還不夠充分。

然而，先前舉行美國總統大選的時候，特定的公司自行判斷，禁止現任總統或前任總統在網路上發言。這類舉止，可說是擁有相當於立法院的權力。具體來說，川普在總統任內時被禁止使用推特，而在他卸任回到佛羅里達州之後，仍然被禁止使用臉書兩年。換句話說，直到下一次期中選舉之前，他都被限制了言論的自由。這或許有利於某個特定的政黨，卻不利於其他政黨。

我不太知道如此限制是基於何種判斷所做出的，那究竟是由公司成員合議之後，再由社長發布執行，還是單憑負責單位的員工就能決定執行，實在不得而知。外界對於如此權力的源頭，其實並不瞭解。

・在香港實際體驗到的「言論鎮壓」

另一方面，雖然中國主張他們最近才開始對香港施予鎮壓，但事實卻並非如此。

之前我也曾提過，在二〇一一年我前往了香港，在颱風中舉行了講演會（參照幸福科學出版發行《大川隆法菲律賓・香港巡錫的軌跡》〈The Fact and The Truth「事實」與「真實」〉）。在前一天晚上，當我抵達飯店開始觀看電視時，剛好正在播放本會的動畫電影「永遠之法」（製作總監大川隆法，二〇〇六年上映）。

我想這是當地香港支部的安排，電影才得以在電視台播放。但是看著看著，進入了開始說明靈界的片段時，畫面突然變成一片黑，然後電影便終止了。

這是二〇一一年的事。雖然當時習近平還沒完全掌權，但在那個時候，就已無法在電視上播放靈界的畫面。在爆發「雨傘革命」的三年前，香港就已經發生了這樣的事。

這就是極權主義的特質，人們必須認清這一點。

因此，對於這般「嚴格控管資訊，不容許發表對國家不忠的言論」的國家，終究人們必須抱持強烈的厭惡感，並加以抗拒。

創設自由，打造能明辨善惡的社會

「創設自由」之所以重要，是因為即便世間存在著惡性事物，但藉由行使自由，能讓人們瞭解善惡，進而加以選擇。

衣服亦是如此，即便世上有著各式各樣的衣服，人們卻能依照自己的自由，選擇自己認為好看的衣服。如此一來，好的商品自然會暢銷，壞的商品則會遭受淘汰。漫畫也是一樣的道理，好的作品會廣佈，不好的作品則多少必須面臨市場的淘汰。

也就是說，要透過在自由市場的競爭，決定事物的去留。如此原理，多少還是必須保留下來。

一九九一年，我們與《星期五》週刊之間發生了「戰爭」。當時，一個有印刷能力、報導能力的週刊，由於誤解，而單方面對一個剛取得宗教法人資格的宗教團體進行猛烈攻擊，出於憤慨，我們向其提出了抗議。

不過現在回想起來，那樣的雜誌，又或者是未能受到一般大眾重視的體育報紙，其報導有時含有著一些真實性。比方說，這些體育報紙或晚報等等，會刊登關於幽浮、外星人、幽靈的目擊新聞，但日本的五大報或東京的主要電視台，卻幾乎不會報導這樣的事。即便他們會報導負面的事件，卻完全不碰觸關於那般靈異或外星人的內容。

但是，這種作法未必正確。據美國的國防部表示，「在一百四十四個的案例當中，有一件確認是氣球，其他一百四十三例尚無法確認。那些可能是來自國外的未知兵器，但也不排除是外星人的可能性」。要發表如此程度的言論，實在不是一件容易的事。

對此，日本還是有點遲鈍，沒有發表太多的意見，只做片面性的報導，但我們已在這方面公開了諸多資訊。

所以僅靠目前既有的權力與制度，不僅無法解釋未知領域的真相，有時真相還會被隱瞞。因此在必要之時，我們必須毅然挺身而出。

5　在八十億人口的時代，救世主的工作實為沉重

人類啊！要請抱持信仰心、要聆聽神的話語

世界上，由於不同的宗教或法律制度，進而使得人們有著不同的想法，要加以整合實在是一件難事。然而，至今的「地球歷史」即是接受了這般多樣性的想法，今後我也希望能接受各種不同的想法。話雖如此，請各位向世界各地的人們傳達「我所發布的價值判斷，是你們今後的想法之基礎」。

截至目前為止，雖然我已發布非常多的重要訊息，但遺憾的是，這些訊息

尚未遍布於各地，所以我希望能透過各種方法向更多人們傳達真理。

我已指摘共產主義的一黨獨裁、專制政治存著諸多錯誤，但現今西方的民主主義社會當中，其實也存著相當大量的危險想法。此外，世界各處也開始出現透過軍事政變奪取政權的現象。

雖說「筆的力量勝過刀劍」，但在行使暴力的地方，言論終究無法戰勝刀劍，刀劍也無法戰勝槍砲。因此，若有國家堂而皇之地抱持著如此想法，譬如「為了革命，使用武器將人殺了也無妨」、「只要能管制資訊，就能消除一切醜事」，該國的人們勢必將面臨非常嚴峻的未來。

此外，在那些被稱為民主主義的社會當中，在人權問題、氣候變化等問題上，口徑一致地發表意見，進而開始採取極權主義的做法。對此，若是感覺到「危險」，該說的還是必須得說。

男女性別本來就有區分，倘若在男女議題上朝向過於激進、寬鬆的方向的話，同樣也會讓這世界變得難以居住。

神最初在創造人類時，就區分為男性、女性，這是「地球初始以來的方針」。對此，在人類的世界中，有些人認為人能透過「生物學、醫學」的方式改變性別，進而改變對「男女問題」的看法，但是仍需要瞭解從靈魂的角度來看，那般變性的抉擇是否正確。

所以，人權固然重要，但想法一旦過於激進，人類就有可能會落入惡魔的手中。

首先，請各位要抱持信仰心。

要聆聽神佛的話語。

請不要無視長久以來「人類的睿智」。

在那樣的前提下，科學或物質上的繁榮是被允許的，這個世間不是人的最終居住地，終究僅是靈魂的修行之地。

切勿忘記這些根本原則，並在多樣的價值觀中選取正確的事物。我們的工作，即是維持這個世間能長久做為一個磨練智慧的修行之地。

做為「救世主的工作」，我想要改變人類的錯誤想法

我知道關於來世的真相尚未廣為人知，我希望幸福科學的教義能廣佈至世界各個角落。雖然還未能廣泛普及，但在全世界一百六十個國家以上，都有著幸福科學的信徒。

光靠日本終究還是有力有未逮的部分。

所以，若是種子傳到哪個國家了，就請讓它在那裡發芽長大吧！請廣佈給幾萬、幾十萬、幾百萬人，弘揚這個教義吧！

有時傳道也有著不是很自由的一面。譬如，雖然印度有非常多的會員，但是在那裡難以打造聯繫所有會員的設施和設備，或者是從日本匯款到印度也不是那麼容易。

各個國家有著各種不同的國情。

也因此，我希望全世界的各位在自己能做的範圍之內，盡可能地努力散播這個教義。

根據幸福科學所發布的資訊，若是各位發現在現今的政治、經濟或媒體的工作中出現了錯誤，請務必發表出你的意見。

希望各位對於「不合理的事物」，終究還是要表達出意見。

日本的首相認為「只要打了疫苗就能解決一切，東京奧運便能順利舉行」，但事實上各種跡象已顯示「疫苗無法解決一切」。今後，日本政府將會面臨更多挑戰。

然而，我們必須要跨越這道難關。

原則上，我會為了保護有信仰之人持續努力。

請各位切勿敗給新型冠狀病毒等疾病問題，

事實上那僅是一種唯物論的想法。

請告訴人們「在此時必須抱持堅強的精神」。

拜託各位了。

地球人類現今已逼近八十億人口，
若是一半以上的人類抱持著錯誤的思想，
想打造一個沒有信仰的世界的話，
「反作用力」必定會發生。
我希望在那之前，能改變人類的想法。
我認為，這就是「救世主的工作」。

這一次的工作特別沉重。
不僅世界各國的數量眾多，面積也遼闊。
此外，這個病毒流行蔓延的時代，
也是行動受到了侷限的時代。

不過，不論發生什麼事，
我們都應將正確的思想貫穿、廣佈於其中。
請以信仰心為中心，
構築自己的人生與工作。
並且，請盡可能地向更多人們傳達正確的人生態度。

第 2 章

現今彌賽亞應說之事、應做之事

——給處於人類史的轉換點之地球的指針

1 「現代的彌賽亞」降臨於二十世紀的時代背景

延續第一章的〈埃洛希姆的本心〉，本章同樣是難度很高的內容。本章章名是〈現今，彌賽亞應說之事、應做之事〉。要從我口中講述如此主題，我想其內容會相當嚴峻。雖然我希望能像啟示錄一般地述說未來之事，但畢竟現在此刻，我正活在世間推動著傳道活動，所以無法像是啟示錄一樣，淡定地述說預言。

我想應該很少人能夠在一九〇〇年的階段，就正確地預測二十世紀將會是何等世紀。

我相信當時的人們都沒有預測到會發生「第一次、第二次世界大戰」、「俄國革命與共產主義革命」、「蘇聯的崩解」、「德國在輸了第一次世界大戰後，在僅僅二十年後就又建軍興起了第二次世界大戰」。此外，或許人們也沒預想到「由二次大戰的戰勝國所組起的聯合國，如今分裂為兩派，並且功能不彰」。

我曾聽説過「蘇聯將在創立七十六年後瓦解」的預言，不過現今中國卻在慶祝著共產黨創黨一百週年，並期許能更加躍進。人們對於極權主義的想法，開始出現異論。

譬如，今早我看到了一篇這樣的報導：「俄羅斯樹立了一個新法，內容是『第二次世界大戰由於蘇聯參戰，才得以戰勝德國納粹的法西斯主義，因此史達林所興起的革命政權是納粹主義的敵人，所以不可將蘇聯的史達林主義與法西斯主義混為一談』。就這層意義上而言，人們言論的自由、學問的自由都被封殺了。」

今後，人類將進入嚴峻的時代。

往後世界各國將主張自己的正當性，否定、輕視與自己的主張互相衝突的想法。

前文中我提到了「很少人能夠在一九〇〇年的階段作出預測」，但如果把視角置於西元二〇〇〇年，又會變得如何呢？「若是從西元二〇〇〇年來看，二十世紀會是怎麼樣的世紀呢？若是時間能重來，應該要更改何處的何種作法呢？」即便能辦得到，我想那也是極為困難之事。

比方說，第一次世界大戰的時候，戰鬥機皆為螺旋槳式的雙翼飛機，所以當初人們並未將其作為攻擊武器。遇到了敵人的飛機時，雙方飛行員甚至還會揮手打招呼。這就是第一次世界大戰的狀況。

然而，到了第二次世界大戰，就出現了轟炸機與戰鬥機，人們還會透過航空母艦、驅逐艦、潛艇進行各種戰鬥。僅僅二十年之間，戰爭的概念便出現了如此了巨大的變化。

從二〇〇〇年的階段觀看二十世紀，還有著另一個觀點。那就是除了發生了「第一次、第二次世界大戰」及「革命」之外，人們還開發了核武，並將其投在廣島和長崎。這在二千數百年至三千年左右的現代文明當中，絕對是必須記載在歷史上的事件。

當時，人類第一次看到了使用核武會帶來何種結果。只要使用核武，無論是誰都能在自己不玷汙雙手、不流下一滴血的情況下，完全毀掉一座都市，讓絕大部分的人口死傷。那僅僅是在一瞬間發生的事，也就是說，按下了按鈕、投下了原子彈的飛行員，是否有罪惡感則不得而知。或許多少會感受到一些罪惡感，但他們也同時獲得了國家的讚揚。關於這方面的善惡判斷，必須要等到死後才會知道。

此外，東京大轟炸的時候，也是在一夕之間房子被燒毀，造成十萬人以上死亡。如果回顧當時的畫面，看著人們紛紛跳入神田川的樣子、人們被燒死的慘狀，就能夠明確地知道，那裡簡直就是阿鼻叫喚地獄。

自從美國在廣島與長崎投下了原子彈以後，核子武器便被禁止使用了一段期間。一九六二年發生的古巴危機，也是因為當時美國察覺到，蘇聯要利用貨船將核彈帶進古巴境內，當時的甘迺迪總統便下令進行海上封鎖，用船艦包圍古巴周邊，並告知蘇聯「若是越線一步，美國將不惜發動戰爭」，當時一直處於緊迫的危機狀態。

根據當時在美國留學的學生所說，「美蘇核戰隨時一觸即發，實在非常恐怖」。但那時蘇聯的領導者對廣島與長崎的慘狀仍記憶猶新，所以才讓貨船掉頭，並撤掉古巴境內的飛彈基地。於是，美蘇大戰才得以緊急迴避。

這在當時對於美國而言，想必是一個「挑戰」。如果甘迺迪總統的態度軟弱，核彈必定會被運進古巴，並建立起飛彈基地。如果蘇聯從古巴以核武飛彈，攻擊美國本土各個都市的話，恐怕美國將無法完全防禦所有的攻擊。

現今，也發生著同樣的狀態。譬如，若是北韓用核彈瞄準了韓國或日本，韓國與日本也同樣沒有辦法完全擊落所有的飛彈。對於來自中國的飛彈攻擊，大概也是相同的狀況。

也就是說，當悲劇發生之後，人類雖然對其能記得一陣子，但隨著時間流逝，常常就會逐漸地忘卻。

2 強國的侵略歷史與「彌賽亞」

從歷史所見之「弱者的敗仗」

據說，現今的戰役是「民主主義與獨裁專制主義之戰」。

在古代的希臘與波斯之間的戰爭中，波斯以它龐大的專制君主政治及軍隊體制，讓希臘屢戰屢敗，波斯軍隊也幾乎燒盡了希臘的所有建物。於是，希臘人便乘船逃離，最後僅以地中海中浮出的一小部分土地，讓希臘這個國家得以繼續存活。

希臘雖然透過海戰扭轉了局勢，但在陸戰還是敗給了波斯。與希臘土地相連的「斯巴達」，儘管被稱之為強國，但如同電影「三〇〇壯士：斯巴達的逆襲」中所描繪，亦是被波斯打得體無完膚。那是一場三百人對抗二十萬、三十萬人的壯烈之戰。即便那三百名戰士是英雄，但他們卻打了一場完全沒有勝算的陸戰。

這意味著，對於一個由巨大獨裁國家的唯一專制君主所發動的侵略戰爭，希臘的雅典、斯巴達在陸上完全沒有勝算的可能。

不過，由於波斯在海戰中相對較弱，所以在地中海的戰役，逐漸被希臘扭轉了局勢。

此外，以現今的宗教史來說，相當於西元前四年左右，耶穌・基督誕生於世間，並試圖拯救這個世界。不過，在他從三十歲進行了大約三年的傳道之後，他被猶太人安上「偽造神旨、傳遞錯誤的宗教」的罪名而遭到逮捕，並且跟其他犯人關在一起，最後被架上十字架施以死刑。

之後，那樣的猶太國，在西元七十年左右便滅亡了。在馬薩達陷落之後，猶太國便亡國了，之後猶太人就散居於世界各地。他們一邊從事金融、買賣、貿易，在那一千九百年間，散居於世界各國的猶太人抱持著《舊約聖經》的信仰過活。

然後在一九四八年，經歷了納粹在波蘭對六百萬猶太人的大量虐殺之後，猶太人在英法美等國家的幫助之下，時隔一千九百年之後，在巴勒斯坦境內的一個角落建立了名為以色列的國家。

這對於長年流離失所、不斷逃亡的猶太人來說是一個救贖。不過另一方面，這同時也產生了新的紛爭。畢竟他們在已有居民的巴勒斯坦，強行使其割讓土地，並且要在那建立國家，這對於本來居住就住在此地的阿拉伯人與巴勒斯坦人是一種權利的剝奪，這些居民勢必會想要奪回本來屬於自己的國土。

此外，以色列人都經歷了希特勒的大量虐殺，所以知道「只要沒有軍備，無論有多麼高尚的文化都會被消滅」。

能夠從德國逃亡到法國的猶太人少之又少，即便有一小部分人受到了教會的庇護，但得以存活的大部分人皆是先逃往英國，又於英國的戰況惡化之際再逃往美國。逃亡到美國的這些人，為了第二次世界大戰後美國的繁榮，做出了非常大的貢獻。所以歷史證明了「猶太人的優秀」，卻也同時證明了「再怎麼優秀也可能會遭到消滅」的事實。

以核武保護國家的以色列，與對抗以色列的伊斯蘭教國家

當以色列在一九四八年建立了國家後，政治哲學家漢娜．鄂蘭擔憂此事或許會帶來惡事，她預測這將會引發新的戰爭。她自己也是出生在德國的猶太人，並且經由法國逃亡到美國。如同她的預測，當以色列建國之後，又勃發了戰爭，當時的確爆發了第四次中東戰爭。

我記得她曾說過，她很慶幸以色列打贏了那場戰役，或許在她認為以色列就算是輸了也是沒辦法的事。畢竟要在他人的國家土地上建立國家，並與這個國家對戰，本來就是一個極其嚴苛的局面。

因此，以色列擁有非常強大的武力，據說現今排名是世界第四，也有排名第二的說法。這是由於以色列並沒有公開關於核武的資訊，不過據推測以色列

有著那般強大的武力。

為什麼以色列會擁有這般強大的武力呢？這是因為，在伊朗等國家的反革命勢力推翻了王政體制以後，伊斯蘭原理主義的思想變得更為強烈，進而出現了「必須讓以色列從這世上消失」的口號。對伊朗來說，只要不消滅掉以色列，阿拉伯的和平便永遠無法到來。

然而令人遺憾的是，對他們來說，伊斯蘭公認的國家之間未必有著相同的想法，且彼此的關係良好。伊斯蘭除了有遜尼派和什葉派以外，還有其他有著突擊隊組織的小分派，這些組織的意見難以統一。

為了防止伊朗藉由核子武器成為強國，進而要求其他伊斯蘭國家為了滅除以色列而戰鬥，先進國家拚命地介入其中，六個國家簽訂了協議。

在川普擔任總統期間，美國支持著以色列，主張「戈蘭高地是屬於以色列的」。對此，以色列的首相想要更加討好川普，進而宣稱會將此地稱為「川普高地」。

然而當美國的政權交替之後，那般作法開始出現動搖，難以預測未來會如何發展。

至於伊斯蘭國的盟主，原先不久前的盟主是伊拉克，但在伊拉克戰爭中，伊拉克敗給美國，吞下敗仗之後，伊朗便開始以成為盟主為目標。只要伊朗擁有核武，基本上伊朗就會變成盟主，但各個國家都對伊朗加以箝制。

從伊朗等國家的角度來看，他們認為「自己才是原先的居民，後來才建立人工國家的以色列卻擁有核武，實在是很不公平。以色列有武力能夠毀滅自己，自己卻無法毀滅對方。這無論就軍事防衛上，或人口比例上來說都不合理」。居住在以色列國內的人口大約只有一千萬人，即便加上住在海外的猶太人，也只是一千五百萬，不到二千萬的人口，是個比台灣人口還要少的國家。

我想伊朗肯定難以忍受，被這樣子的國家掌握生殺大權。

在遭受強國擺弄的悽慘歷史中所出現的「猶太預言家們」

・摩西

另一方面，以色列的國民本身，也在過去經歷了非常久的淒慘歷史。閱讀耶穌所講述的教義《新約聖書》之前的《舊約聖書》，就能夠看到當中記述著「以色列人過去是如何建立並保護了自己的民族」、「因為我們是神所特選的民族，所以神庇佑著我們」、「神不斷地派預言家到世間」等內容。

即使是這樣子的國家，卻仍是不斷經歷眾多的悲劇。

或許有人已經忘記了世界史，譬如，以色列的起始是從人們作為埃及的奴隸開始。據說，猶太人在數百年間一直作為奴隸建造著金字塔。

在那段過程中，由於「無論如何都無法逃避被殺的命運」，身上流著猶太人之血的摩西，便被父母放在筐子裡放流至河川上，恰好被沒有兒女的公主撿拾，於是摩西就被當成埃及人撫養長大。

之後，在他快二十歲的時候，發現了自己其實是猶太人，並且知道了自己的同胞們為了蓋金字塔被當作奴隸，甚至遭到殺害。於是他漸漸地瞭解自己的使命，並在日後成就「出埃及」的任務。

在正式的資料當中記載，摩西當時率領了成人男子六十萬人出埃及。由於還須加上女性、小孩、動物等等，故推算當時他率領了大約兩百萬人的集團。

接下來的內容則已進入神話的領域，所以我無法明確地描述。原本當時埃及允許將近兩百萬的群眾步行並拉著驢子逃離埃及，但後來法老卻突然改變了想法，開始追擊猶太人。那時，猶太人面前的紅海分成了兩半，待猶太人們渡海之後，海水便恢復原狀，吞沒了在後方追擊的法老與埃及軍隊。

關於這個部分，後代人們加上了非常多的修飾，是否就真的是那個樣子，實在是一個疑問。現代的紅海非常深，難以想像能將海水分成兩半，所以據說那摻入了一些其他內容。

再往北方一點，有一個比較淺的湖泊，有時能夠看到湖底。有些學者表示「颳著強烈東風的時候，有時那裡的確有能看見湖底的地方，當時應該是指那裡吧？地點應該不是紅海，而是那個湖泊吧」。

我也認為真相比較接近那些學者的看法，不過許多民族歷史的起始，本來就會有著各種修飾，所以我想也不應該講述太多意見與臆測。

即使因為神的奇蹟，在逃離的摩西等人們身上發生了那樣的事，但在之後他們為了尋找心中的桃源鄉、烏托邦，也就是神所應許的「流著奶與蜜之地」，在沙漠中尋覓、流浪了幾十年。

有時他們發現了一座綠洲則會暫居在那兒，但是在沙漠流浪了這麼久以後，才發現神所應許的地方早已有人居住。

因此，就像現代所發生的事情一樣，早在距今三千年前「出埃及」時就已經發生過。神所應許的地方，已經有別的民族住在上面，因此才演變成戰爭。

由於在進入戰爭以前，摩西就身故了，所以是由約書亞領導人們作戰。就結果來看，猶太人是透過戰爭，以掠奪的方式建立起自己的國家。

・耶利米

由此可見，《舊約聖經》所記載的，其實就是猶太人與他國的戰爭歷史。幾乎所有事情都是以戰爭的方式反覆發生。在猶太人的歷史中，「彌賽亞」即是為了防止國家滅亡，進而出現拯救國家的存在。

雖然人們認為彌賽亞的任務，即是保護民族、國家，但亦出現了未能徹底保護的事件，譬如「巴比倫囚虜」的歷史事件。

底格里斯．幼發拉底河流域一帶的文明，終究歷史較長遠且較強勢，所以猶太人可能像過去曾被埃及當作奴隸一般，再度被巴比倫當作囚虜。換言之，他們會被強迫帶去伊拉克的首都當成奴隸，整個國家將變成殖民地的狀態。

為此，預言家耶利米當時曾多次大聲呼籲人們，敵人將從北方出現。這與之後日本的鎌倉時代，在日蓮身上所發生的事情幾乎一模一樣。日蓮當時勸告幕府「蒙古、元將要進攻而來」，卻遭受幕府的鎮壓與處刑，最終被流放到佐渡島。耶利米亦是如此，世人當時沒有相信他的警告，因此造成了歷史上的「巴比倫囚虜」事件。

耶利米遭到了逮捕，並垂吊於水井之中。井的底部都是沼土，應該也還有著井水，他被綑綁浸在其中，那近似於拷問的折磨。

最終，他得到了什麼呢？儘管印證了他的預言，但他也只有獲釋，撿回一條命，最終還是沒能拯救國家。即使不幸的預言最後成真，但亦有無法加以拯救的例子。

照理說來，猶太人們聽到了「耶利米的聲音」，本該加強防衛，為了阻止侵略，應該聆聽神的話語才對。但距今將近二千六百年前的人們，並不相信耶利米所傳達的神的話語。

・耶穌

繼耶利米的五、六百年之後，也就是在西元前後左右的時期，耶穌誕生於世間。人們對耶穌的所作所為，也予以相同的對待。

雖然在《舊約聖經》中沒有明示年數，但其中提及的「第一以賽亞的預言」裡頭，確實寫道「彌賽亞將會現身並拯救以色列」的字句。

甚至還寫道「彌賽亞將騎著驢子，一邊喊著『和散那（求你拯救）、和散那』，一邊進入耶路撒冷」以及「人子將會被釘在十字架上」。

因此，據説人們相信耶穌是為了實現、成就《舊約聖經》中的預言，才做出那樣的行動。

然而，眾多弟子們都反對耶穌為了被釘上十字架，進入耶路撒冷，現實即是如此。

猶太人對於耶穌的看法，他們雖然認定耶穌是預言者之一，卻不認同他是救世主。

在耶穌出現之前，羅馬即是一個強大的國家，以色列之地也是羅馬的殖民地，所以完全沒有戰勝的餘地。因此，當時的猶太人們的傳統教派，實際上是羅馬帝國的傀儡政府，只要他們能透過宗教的力量防止新的叛亂軍出現，就能受到羅馬的庇護。

只要知道如此情形，就能大概看出《新約聖經》的來龍去脈。

打壓「信教自由」、「言論自由」之中國的威脅

相同的狀況也在中國發生。

在中國有很多基督教徒，據說表面上就大概有一億人，若加上在地下活動的信徒的話，據說大約有兩億人。

現在，中國政府與天主教之間，對於主教的任命權應該由梵蒂岡持有，還是應該由北京政府持有一事出現了爭論，然而沒有軍事力的梵蒂岡作出了讓步，讓中國政府任命主教。

在中國憲法當中，雖然對於「信教自由」、「言論自由」有著諸多記載，實際上卻沒有被實行。這是因為，中國認為若是不愛國，就不是中國人。

在第二次大戰的時代，日本也出現了「非國民」一詞，這其中包含了「反對戰爭之人即非國民」的涵義。

因此，如果要為「必須成為愛國者」下定義的話，那麼言論、出版、信教等等的自由被打壓，也是理所當然之事。

此外，梵蒂岡是認同台灣為國家的少數國家，所以我想中國透過欺壓梵蒂岡，間接壓制著台灣。

由此可見，相同的事件在歷史上屢屢發生。

3　原子彈爆炸所帶來的「地球之轉捩點」

從西元二〇〇〇年的階段，思考第二次世界大戰的「歷史上的—F（假如）」

若從二〇〇〇年的階段重新來過，並已知中國會像現在如此強大，自然會發現有幾件事絕對不能做。關於這一點，我想二次大戰後的歷史家、新聞記者、政治家等都犯下了眾多的錯誤。

若是從把中國視為假想敵對峙的美國的角度來看，又會有何種想法呢？

第二次世界大戰時，在日本的特攻隊出現以前，美國的杜立德空襲隊僅裝載了單程燃料，前往日本的東京、名古屋、大阪、神戶等都市投下了炸彈，並在中國以機腹著地降落。那是日軍預料之外的戰略。據說幾乎所有的戰機都因燃料不足，機腹著地迫降於中國境內。

這對他們來說是英雄的行為，對於中國來說，也因「幫助到了中國」，也視其為英雄的行為。但經過了幾十年之後，當美國知道了中國變成了美國最大的威脅時，我想他們會變得很難評價當時之事。

此外，對於美國在日本投下原子彈一事，美國長期對外聲稱「那是為了盡早終止戰爭」、「若戰事持續下去，蘇聯有可能會往南下掠奪日本的北海道及東北地區」。

以上所說的都是「歷史上的ＩＦ」，也因此有著難以言喻的一面。不過，譬如蘇聯受到了邱吉爾的慫恿，付出極大的犧牲擊敗了德國。這一戰，蘇聯死了超過兩千萬人，如果沒有一點「回饋」就太吃虧了，於是蘇聯便建立了一大堆偏向蘇聯的共產主義衛星國。不過，蘇聯在日本只拿到了北方四島，直到現在不但不肯歸還，還說著像是「這是『戰爭後的回饋』，怎麼會放手」的話。關於這部分，日本與俄國的外交交涉正窒礙難行。

就像這樣，有時獲得讚賞的歷史事件，也可能在日後變成完全相反的評價。勝者可能扣下了往後讓自己變得不幸的扳機，敗者也可能會變得更凶暴並展開攻擊。

此外，落在廣島與長崎的兩顆原子彈，對地球全體暗示了今後的戰爭形式將有所改變。二次大戰後，蘇聯率先進行了氫彈試爆，隨後美國也跟上腳步，如今聯合國的五個常任理事國都持有氫彈。北韓雖然不是常任理事國，但它也主張自己擁有著原子彈與氫彈，如果這是事實，那麼代表其他國家無法對其輕易地展開攻擊。

由此可見，二十一世紀充斥著不確定因子。而在本章，我想從二一〇〇年的立場來反觀二十一世紀，闡述事物會如何發展、是否有更改的餘地。

原子彈爆炸的影響① 「宇宙存在」的真正介入

二戰時廣島、長崎的核彈爆炸，除了改變了今後戰爭形式，也同時帶來另外兩個影響。

第一點是，由於原子彈的使用，引來了來自宇宙存在的真正介入。

這即是指一九四七年發生於美國的「羅斯威爾飛碟墜毀事件」。據說當時有一個飛碟墜落在新墨西哥州，飛碟機體、飛碟當中的外星人屍體、生還下來的外星人都被政府單位回收。長久以來，這個事件都被美國當成最高機密。

在那之後，世界各地陸續出現非常多幽浮的目擊消息。雖然美國的目擊次數最多，但美國以外的先進國家，也出現了眾多目擊案例。墨西哥等南美國家也有出現案例。雖然過去日本的案例不多，但近年來案例卻大幅增加。

此外，幽浮也在中國現身，還曾經讓中國不得不封鎖某個機場一個多小時。當時，明顯看似幽浮的物體出現在中國機場內，照亮了整個機場，導致機場必須封鎖，禁止飛機起降。除此之外，俄國也有各種目擊消息。

即便並非所有國家都將如此資訊公開，但有些國家懷疑，那是否是單純從宇宙來的幽浮，還是他國的祕密軍事武器。

在納粹希特勒的晚年時，也曾開發過幽浮，並且那些實驗的影像至今也還存留著。影像記錄當中，納粹似乎已開發到能使物體一邊旋轉，一邊漂浮於空中的階段。

因此，當時還流傳著「希特勒其實沒死，他搭乘了幽浮或潛艇移動至南極，居住在地底下」的傳說。不論怎麼說，當時納粹確實進行了幽浮的研究。

並且，德國與日本在二次大戰中進行了原子彈的研究開發也是事實。若是再差個一、兩年，或許投下原子彈的就會是德國或日本了，如此假設也不是不可能。

也因此，這個在第二次世界大戰當中的原子彈，可說是為人類史區分了一個段落。

在一九四五年美國投下原子彈的兩年之後，從宇宙前來視察地球的外星人大幅增加，羅斯威爾的飛碟墜毀事故正是在那時候發生。

此外，因為當時噴射客機的航班逐漸增加，因此從空中目擊幽浮的資訊也變多了起來。另外，當時也有很多幽浮的影像、照片被人們拍攝下來，可見人們開始對於宇宙感到關心。

最近美國政府曾發表報告，「近年來有將近一百四十四例疑似幽浮的案例。其中有一件確定是氣球，不過其他案例尚無法確認為何物。那些可能是來自他國的間諜武器或攻擊武器，但也不排除是外星人的可能性」。至今，這份報告的內容還停留在一個很不明朗的階段。

我認為，目前各國都在暗中進行各種宇宙方面的研究，若是某一個處於頹勢的國家，能夠在軍事上使用來自好幾光年之外的外星科學技術，那麼該國勢必能逆轉至今的劣勢，取得絕對性的優勢。

現今，日本對於宇宙方面的資訊非常落後，所以幸福科學在這十年左右，不斷揭露各種情報。並且，我認為這也是外星人們所期望的。

特別是，我在二〇一〇年某一天的白天，於橫濱體育館進行了關於宇宙時代即將揭幕的講演，而在講演的最後五分鐘，我講述了：「宇宙時代即將開始，你們將會目擊各種事物。」（二〇一〇年十二月四日，愛爾康大靈慶典法話「『世界宗教入門』——地球人的思維觀念轉換」。收錄於幸福科學出版發行《不滅之法》）當講演會結束，幾千名聽眾離開體育館時，都親眼目睹天空出現了超過一百架的幽浮艦隊。

這是在白天進行的講演，所以很明顯地那不是星星，也顯然不是美軍或自衛隊的飛機。現場目擊者有好幾千人，當時我也正要從橫濱體育館搭車離開，看到眾多本會會員一邊看著天空，一邊指著幽浮的景象。

我想，從那時候開始，便正式敲響了「宇宙時代到來」的鐘聲。

現今，外星人想對頻繁出現幽浮的日本傳達何種訊息？

在我提及了宇宙相關的事物之後，就出現了大量幽浮，這也就代表著，我在講演會所講述的內容，能夠傳達至外星人那一方。他們從幽浮當中觀察並理解了我以日文講述的內容。也許他們能夠將我的話語翻譯成他們的語言，或是用心電感應的方式理解我所講述的內容。

無論如何，他們確實在靠近自衛隊或美軍基地如此危險的地方，在禮拜六的大白天，掌握了我所講述的話語，並在講演會結束後，堂而皇之地現身於當地上空。當然，他們應該只停留大約十分鐘，便飛離了現場。

因為他們擁有的技術能讓自己被雷達偵測，或不被偵測到，所以哪怕是美國軍機或自衛隊飛機緊急升空，對他們也是無能為力。

通常，軍機等在地球圈內、大氣層圈內飛行時，一般維持著二或三馬赫的速度，若是全力加速，就能達到八到十馬赫的速度。馬赫就是「音速」，超越音速的速度，就會以馬赫為單位表示。一般客機的速度大概是時速數百公里，一旦超越了馬赫速度，人的身體就會承受非常大的壓力。

現在一般客機從日本飛往美國，大概需要十三小時，但若是具備了幽浮的速度，不到十分鐘就能繞地球半圈。

當時五角大廈受到美國總統的命令，公開了三架幽浮的影片。影片中，幽浮在面對風速每秒六十公尺的狀態下，絲毫不受其影響，漂浮於空中。如果那是人類科技所研發的話，便真的是一個極其新銳的科技，進而讓人們感到有點恐懼。

實際上，幽浮即是以那般速度移動，若是用八馬赫或十馬赫的速度飛行，無論用何種飛彈，都無法將其擊落。飛彈大約只有二馬赫的速度，很少能達到三馬赫。

因此，與幽浮的速度相比，洲際彈道飛彈的速度，著實令人感到非常緩慢。譬如，若是從地球的某一端發射洲際彈道飛彈，要打到另一端也需要大約一個小時的時間。所以只要有幽浮的技術，其實就可以打下洲際彈道飛彈。

如果北韓或中國，向日本或日本的美軍基地發射飛彈，大約在十分鐘以內就會抵達。為此，雖然日本現今透過各種偵察艦，試圖在第一時間偵測飛彈動向，並透過PAC－3型飛彈迎擊。然而，這也取決於對方要瞄準哪個地點、在哪個時段發射，現在已經到了無法全部將其擊落的時期。

比方說，若對方在黎明時分發射，屆時日本無法做出政治的判斷。又或者，若對方在天候不佳時發射，也會變得難以鎖定飛彈的位置。

也因此，若是在近距離發射洲際彈道飛彈，日本這個國家，很有可能會像過去的以色列一樣，嘗到相同的苦楚。我認為，現今幽浮在日本頻繁出現的理由之一，就是為了傳達如此危險性。

原子彈爆炸的影響② 二十一世紀戰爭的樣貌將會改變

另一個影響，即是我們可以推測二十一世紀的戰爭，將不會侷限於炸彈或飛彈程度的攻擊。

現今，地球上幾乎所有的文明，都是仰賴無線電波運作，所以人們預測若是某國要發動攻擊，最初的攻擊目標不會是他國的都市或是軍艦，而是人工衛星。因此，即便一般的人工衛星不會裝載武器，但某個國家所發射的人工衛星，或許就裝載了武器。

若是如此，環繞著地球的某國人工衛星，便有可能會破壞他國的衛星。又或者是從地球發射像是太空船一樣的東西，其實是為了破壞他國的人工衛星。

如果人工衛星遭到破壞，會發生什麼事呢？目前的洲際彈道飛彈或神盾艦，都是透過人工衛星來偵測敵人的攻擊，進而加以反擊。所以若是人工衛星被擊落了，幾乎就會失去防禦能力。這就是人們預測可能會發生的情況之一。

此外，有些國家正在研發各種新型炸彈，研究能否從更高處投下炸彈，而不是從戰機上投下炸彈。所以人們非常擔心，能否防禦來自於大氣層外的導彈攻擊。若是環繞著地球的衛星，從上空往下攻擊的話，我想或許難以防禦。

除了破壞人工衛星，地面的系統幾乎都使用著電力，透過引發電力失效、電波失能的狀況，地面上的電視、收音機、電話都變得無法使用，電車、巴士、新幹線、鐵路、磁浮列車也都將完全停擺。

因此，今後可能會發生擾亂資訊、切斷資訊的戰爭。只要使用如此手段，便能夠破壞對方以電力為中心的資訊系統，進而使其一瞬間喪失戰鬥能力。這個和發射麻醉針到動物身上有著相同的效果，越是近代的國家，這個「麻醉針」的效果就越是強烈。

特別是，那不只會引發地上的移動手段、聯絡手段的混亂，還會連帶引起金融系統的混亂。現今的金融服務幾乎都是電子結帳，如果有人打算從根本加以破壞，這不僅能竊取個人財產、國家財產，金融市場亦會出現各種紊亂。

也因此，二十一世紀的戰爭，將會變得十分複雜、嚴峻。

譬如，若是能夠在「偵測出核子導彈被射出」之前，就破壞其偵測系統，人們將難以得知發出攻擊的兇手。而這個「電子作戰」，就是「俄國與美國」、「中國與美國」之間正在議論的問題。

如果中國想要攻擊台灣，勢必會先從麻痺其近代技術的部分開始，也就是從破壞台灣的防空系統為重點。首先讓系統出現異常，致使失去聯繫的功能。至於下一步該怎麼做，我想他們還在議論當中。

4 守護世界和平的「彌賽亞真正的工作」

為了抑止「唯物論、科學萬能主義」之惡持續蔓延，人類必須對地球神抱持信仰

正因如此，接下來的戰爭會有相當大的變化，科學技術發展的同時，容易促進並稱讚唯物論，並且會禮讚唯物論科學的勝利。然而，科學技術本身，並沒有那麼清楚的「善惡」之分。

也就是說，優勝劣汰，在擁有相似的科學技術的國家當中，越是好鬥、越

是喜歡作惡、越是能感受到對方之惡的國家，其攻擊能力就越強。

如果一個深信唯物論、無神論，信奉科學萬能主義的國家，抱持著「善惡本就不存在，只要贏了就是善、輸了就是惡」、「愛國主義就是善」，並且將「國家若是勝利即為善，國家若是輸了即為惡」的想法強壓在國民身上，進而限制言論、出版、資訊的自由，對於外國人也限制旅行、移動、職業的自由的話，這對有著傳統信仰的人們來說，是一個極其嚴苛的狀況。

所以，若是要我述說「現今，彌賽亞應說之事、應做之事」，那就是現在日本一直被傳統戰後的價值觀捆綁著，基於自虐史觀、反省史觀，逕自地認為「只要日本把爪子給剪了、牙給拔了，世界就會和平」的話，那麼不只日本自己國家的和平難以守護，世界的和平也難以維持。如今已經到了如此時期。

想要抑止那般唯物論的科學萬能主義，確實的方法之一，即是要對思索著地球整體事物之神抱持著信仰，這股抱持著超越民族、超越國家的信仰的勢力，終究將成為一定的抑止力。

因此，雖然我現在講得像是事不關己，但如果幸福科學止步在目前半吊子的狀態下的話，彌賽亞就無法成就真正該遂行的工作。

譬如，幸福科學在二〇〇九年創立「幸福實現黨」時，北韓研發了核武，並試射了很多飛彈。創黨當時，日本的執政黨為民主黨，並出了三個總理大臣，當時對於北韓的導彈一事皆採取姑息主義，並且一味地向中國靠攏，只為了保全自己的權力。

之後，雖然換安倍政權執政，採取的態度卻是「如果日後北韓發射了導彈，響起了防空警報，那麼人們就要進行避難訓練，就和戰前或是戰爭當中所做的一樣」，並沒有拿出根本的解決方法。

也因此，如果現今一個沒有道德、良心，或是沒有抱持著對神的信仰的政治家，對外表達「為了讓自己的國家能夠存活下去，戰勝他國或占領他國皆為善事」，並且「為了避免出現違反如此想法之人，所以要管制言論、思想，也要控制報紙、新聞、社群媒體，若是違反，就加以逮捕」，那麼在這種狀況下，所有反對的聲音就會完全消失，只會出現贊成的言論，或是近似百分之百的贊成，要不就是一小部分保持沉默或棄權。

日本變得必須要與這樣的國家對戰，所以戰後的價值觀的修正非常重要。

在「戰後的反省」便停止思考的日本所面臨的危機

二〇〇九年幸福實現黨創黨時，我們看到了來自北韓的飛彈危機，中國亦盤算著「要將日本納入麾下，讓美國霸權收手，把中國到夏威夷的海域都占為己有，並且將澳洲、東南亞、非洲、一部分的歐洲都置於自己的控制圈中」，對於如此狀況，我認為日本必須要有能清楚表達意見的政黨，進而創黨並推動各種活動。

只不過，日本媒體人的知性程度仍遠遠不足，日本學者的知性程度也僅停留在戰後的反省。被稱為「明智的政治家」，皆是左翼的自由派或人權主義派，盡是主張「日本要反省過去日軍所犯下的惡行」，要不就是在廣島召開集會，老是講著「日本絕對不會再次打仗」、「日本絕對不會再興起軍國主義所招致的悲劇」。可是這種做法，完全不能構成讓日本免於戰爭的對策。

歷史已告訴人們，不管是過去的希臘，還是在更之前的以色列、猶太之國，當強國出現之際，要不就是被毀滅，要不就是變成殖民地，人民全被當作奴隸。

在中世紀時亦是如此，元（蒙古）帝國進攻至歐洲，拿下了朝鮮半島，還試圖朝日本進攻，在鎌倉時代日本與其對戰了兩次並加以擊退，這才得以延續到現代。

在明治維新時代，也發生過同樣的事。當時，因為中國漸漸地遭到美國的殖民地化，日本幕府才急忙選擇開國。在那段過程當中，出現了許多志士、「小彌賽亞」，推動著日本的近代化，讓日本得以列入世界五大強國，進而保護了國家。

但是在二次大戰之後，日本一直處在停止思考的狀態，所以即便中國慶祝著「中國共產黨建黨一百週年」，日本也完全沒有加以阻止的力量。

日本共產黨這個政黨，為了表達「自己和中國共產黨不同」，進而說著反對中共的話語，但我不知道他們的心中在想著什麼。或許他們認為，若是贊同中國的意向，就有可能被人們誤會要廢除天皇制，進而就會讓自己無法贏得選舉，所以刻意與中國抱持著距離。

5 在地球神的眼中，「共產主義」為何危險？

共產主義的危險性① 肯定「暴力的革命」將會引起大規模的虐殺

關於共產主義，我在過去曾論述了許多次。

一八〇〇年代後半，卡爾・馬克思撰寫了《資本論》，並在一八〇〇年代中間也發表了《共產黨宣言》。他死的時候，他的書還尚未普及於世，信奉者也少。

當時有一些社會主義團體開始使用馬克思主義，一如馬克思生前所說的

「馬克思和馬克思主義是不同的」，他的理論開始被不同地使用，成為批判既有權力的力量。

一個在死去之時，完全無力、沒有影響力的馬克思，我有點訝異他會在一百年後，有著那麼大的影響力。

只不過，我想簡單地提醒各位。共產主義認為，每一個人皆平等的社會，是一個美好的社會，並且為了保障人權，共產主義能夠成為一種粉碎「天生的階級制、身份制」的力量。不過如此共產主義的危險之一，即是它「肯定暴力革命」。

共產主義認為「革命必須透過暴力」，所以興起共產主義革命的所有地方，都出現了大規模的虐殺。這也就等於，革命從大規模虐殺開始。透過大規模虐殺興起革命，進而樹立政權的人，之後在維持政權期間，若是出現了試圖推翻自己的反對勢力或外國勢力，就還是會再用相同的方式對付。

如果在那個國家，將革命視為「善」的話，那麼就很容易認為「大規模地虐殺那些試圖推翻成就那般革命的政權的人們，完全不構成任何罪行，因為那是正義之舉，也是為了保護國民的幸福，為了保護愛國之人」。

因此，一開始用武力統一國家是經常發生之事，然而一直持續抱持那般想法的話，終究是有其危險性的。我認為，還是必須創造出得以共存的價值觀。

共產主義的危險性②　人們將會失去「勤勉的精神」、「資本主義的精神」

除此之外，還有另一個危險性。把自由賦予人們之時，絕對會出現勤勉之人與怠惰之人。於是，在結果上就會出現明顯差異。在一代之內，就會看到差異。快一點的話，過了一年或三年，就會出現差異。

若是出現了那般差異，此時有一股強大的權力抹煞那些差異，全都變成平等的話，之後會變成怎樣呢？勤勉的精神就會消失。

「資本主義的精神」源自於「勤勉的精神」，藉由抱持正確的志向、勤勉地工作，累積儲蓄，當儲蓄變成巨大的資本，再藉由投資，成就偉大的事業，此時社會會變得豐盈，國家也會變得豐盈。如此「善的循環」，即是資本主義的精神。

然而，如果否定了積蓄財富的思想，換言之，如果有哪個國家認為「若是有人將錢儲蓄了起來，就必須要課以稅金或罰金，要不就是把此人關進牢裡並沒收其財產，並將其平等地分給所有的人」，那麼基本上這個國家，就不會再有人想要勞動。因為在那個國家出現了，「賺錢之人是一個惡人」的思想。這違反了健全的資本主義的精神。

那麼，最後會變得如何呢？

在破壞了那般資本主義的精神後，可是「國家政府需要用錢」，最後就會出現各式各樣沒有信用依據的「假錢」。

其實這是已經發生的事。現在已在市場中流通著比特幣等虛擬貨幣，並且那般虛擬貨幣，現今正普及至國家層級，不斷地被製造出來。我不知道這最終會變成怎樣。

譬如，政府在制定法律之後，某間公司在虛擬空間所擁有的財產，一夕之間可能會全都消失。

又或者，像是最近香港發生的事，如果國家不想讓報社有資金印刷報紙，利用法令凍結報社資產的話，那麼該報社就無法發薪水給員工，也沒辦法支付紙張費、墨水費，報社就在全世界眾目睽睽之下被迫停刊。

當時，不僅由政府凍結了該報社的資產，銀行也因為基於恐懼，將毫無關係的個人資產全部加以凍結。因此，金融與金融資產的信用，今後有極高的可能性會像海市蜃樓一樣變成幻影。

若政府將如此作法與馬克思主義相結合的話，政府的態度就有可能變成「不論要多少錢，掌權者都能以虛擬貨幣製造出來，所以人們存了多少錢、企業存了多少積蓄都沒有意義」。

甚至於若如此掌權者還擁有軍事力的話，那麼在某種意義上，爬蟲類型外星人的原始時代，將會再次出現於現代。

共產主義的危險性③

「沒有信仰」將產生地上的暴君

關於共產主義的危險之處，至今我提到了兩點。一個是暴力革命的問題，第二點即是「共產主義否定『能帶來良善循環的資本主義精神』，也否定『自由及勤勉努力之後的成果』，進而會破壞社會真正的發展、有信用的發展」。

此外，共產主義最大的問題莫過於「沒有信仰」。

「沒有信仰」，意味著人們不需要意識到神佛的眼光，所以在地上的掌權者，就變成了「活在世間的神」。不管此人心中抱持何種想法，也不論是否得到了人民真正的支持，擁有最大權力的人，就會變成地上的「神」。

以中國為例，古代的暴君都自稱自己是神。

在這般人物的統治下，即使表面上建立了選舉制度，國民也無法信任如此制度。

如果被他人知道，自己把票投給了反抗、反對現任掌權者的人的話，那麼此人就有可能會被滅除。在暴君的統治下，即會發生如此危險的事情。

6 現代的彌賽亞向人類講述「現今，應做之事」

站在二一〇〇年的立場來思索，我們必須要保護香港與台灣

若將以上所述作為前提，現今出現了一股共產主義的潮流，試圖將世界納入一元化管理，中國處於那潮流的中心，北韓也做著相同的事。

對此，美國、英國、德國、法國、澳洲、台灣、加拿大等國家，為了阻止這股動向，表現出反對的態度。然而，各國的領導者都過於弱勢，恐怕他們不會採取具體的行動，進而抱持綏靖政策，無法產生抑止的力量。

人口僅有二千萬人左右的澳洲，雖然至今採取親中的政策，但因為看穿了中國的野心，因而改變為反中的立場。對此，中國試圖加以報復，對澳洲進口的貨物均課以高額關稅，但澳洲仍舊不對中國屈服。

現今，日本採取著像是蝙蝠的路線，也就是「既非鳥，也非獸」的曖昧態度。但是對於必須斷然做出判斷的事物，應該要明確地對外表示「這是善」、「這是惡」，或是做出「這必須要加以制止」的判斷。

因此，如果站在二一〇〇年的立場來思索，現在我們必須要做的就是保護香港。如果全世界站在旁觀者的立場，目睹香港被毀滅，任由中國對其宰割，在沒有任何反作用力的狀況下，讓中國繼續發展下去的話，這就代表人們錯過了一次阻止中國的重要時機。

隨後，中國第二步將會瞄準台灣。北京政府單方面對台灣說著「一國一制」（對外宣稱「一國兩制」），但台灣已形成了一個與中國全然不同的國家，中國卻強要拿下台灣。對此，世界各國若僅是認為「讓中國拿下台灣，比承擔核戰的風險還要來得好」、「只是台灣的香蕉、鳳梨無法出口，這哪有什麼大不了的」，進而對台灣不聞不問的話，就有可能會發生像是在第二次世界大戰中，希特勒一連接管好幾個國家的情形。

此外，中國還聲稱菲律賓，或是日本的尖閣群島、沖繩是「中國的核心利益」。並且，南沙群島、西沙群島也是「核心利益」，進而在那裡的礁岩填海，建造人工島，甚至打造軍事基地，讓其他國家無法插手。所以中國對尖閣、沖繩說著「這一帶本來就是中國文化圈」，繼而動手介入，也只是時間的問題。

為了抑止中國的如此行徑，終究各國必須要改變想法才行。

新型冠狀病毒是中國的生化武器，中國還可能再製造新的武器

二〇〇九年幸福實現黨的創立，其實有著很大的歷史性意義，但日本的媒體、政黨、政治家、學者、文化人，以及從那些人接收訊息的大眾，都抱持著「宗教和政治結合在一起是一種惡」的想法，進而選擇維持現狀，無視於我們的運動。這其實犯下了一個很大的罪。對此，作為第二次讓日本人覺醒的方式，就像過去出現在品川近海的美國黑色軍艦一樣，現今幽浮陸續出現，試圖讓日本人覺醒。

不久之後，將會出現另一個危機。現今對此感到威脅的國家，正逐漸有所覺醒，各位必須知道，如果日本仍維持目前為止的態度的話，就會導致非常大的錯誤。

此外，雖然不知將來會如何記錄在歷史當中，但二〇一九年發生的COVID-19（新型冠狀病毒感染症），至今讓全世界出現了數億人的感染者、數百萬人的死者，並且感染狀況還在持續擴大當中。對此，雖然幸福科學已屢次表示，這是中國所製造的生化武器，但這個觀點尚未成為主流的想法。

如果各國對於病毒採取綏靖主義，認為「那也可能是自然發生的」並置之不理，那就必須要知道，中國可能會再度使用其他新的生化武器。

換言之，由於中國現階段在核武數量中處於劣勢，因此現在他們可能以其他方式展開了攻擊。

不可袖手旁觀，讓正義滅亡

總而言之，我們不可袖手旁觀，讓正義滅亡。

為此，現代的彌賽亞應朝著這樣的方向講述話語，並且提出行動方針、資訊，讓世界各國發起行動。

現今，新冠病毒正傳播於世界各地，自由旅行到另一個國家變得困難，但人們必須要清楚地知道「現在正發生著什麼事」。

就像二十世紀後半各式各樣的電影所描繪的，若是世界發生了核子戰爭，就會立即導致無法挽回的局面，但如果是使用了生物武器、化學武器，人們便沒有辦法那麼快就加以察覺。

因此，現在需要樹立普世的價值觀，並且基於終極的神佛的價值觀的角度，重新檢視各種學問、職業。

幸福實現黨在經過了十幾年的活動之後，仍未充分對政權有所影響，這對日本的政治來說，至少算是「第一次的敗北」。假如已經預見未來的敗北的話，現在有一些事情就必須要加以改變。

描繪出從地球神的角度所見之「人類的應有之姿」

至今我透過了各種形式，講述了日本與世界的應有之姿。

當然，透過新聞、報紙等瞭解世間所發生的事情有其重要性，在某種程度上，透過智慧型手機等媒介汲取各種日常資訊也是無妨，不過，那其中應該沒有太多大川隆法所發布的資訊。無論是電視、報紙、手機皆是如此。

因此，各位必須要將幸福科學所發布的終極、簡短的「善惡的判斷基準」、「事物該如何演變的指針」，傳達至全世界各地。

我們必須要如此努力才行。

雖然這是古語，但這真的是「千里之行，始於足下」。

我們必須一步一步地往前走。

請不要輕言放棄。

要知道，不可維持現狀。

要知道，我們不可僅止於「日本的一個宗教」，

我們更不是一間公司。

請不要對於「善的毀滅、惡的盛行」感到開心。

請不要認為只有世間之人創造出來的科學技術、法律制度、政治制度才是

尊貴的。

並且請各位知道，在康德之後，現代學問便採取著「非學問研究的對象，就不將其視為學問」的態度，進而將未知的領域、信仰的領域都非學問化，試圖剝奪其公民權。

若是自由主義走得過於極端，人們將只會捍衛「世間的人權」，然而，各位必須描繪出從神的角度所見之「人類的應有之姿」。

即便是「小規模的戰役」，若是具象徵性的意義，就該堅決奮戰、獲得勝利

看到《舊約聖經》中的所多瑪與蛾摩拉的悲劇，人們應該要瞭解神不會原諒墮落的人類。對於那些增長惡勢力、毀滅良善事物的存在，終究各位必須要像「大衛與歌利亞」中的大衛一樣，僅僅以石頭與繩子作為武器，擊敗三公尺高的巨人歌利亞。各位不可看到身形差異就感到害怕，應該為正義而戰。

若三公尺高的巨人與牧羊少年對戰，牧羊少年不可能有任何勝算。故事當中，歌利亞挑釁地說「若有任何人認為自己能夠打贏我，就出來一決勝負」。

對此，牧羊少年是一個投石高手，他用石頭擊中了歌利亞的眼睛，擊倒了這名巨人。如此事情，確實發生在現實當中。

如此微小的行為，其實是「守護了以色列」的「救世主的行為」。在那之後，人們將大衛當作是「偉大之王」。

因此，即便目標看似「渺小」，但若是那場戰役具有象徵性的意義，取得此戰役的勝利，即會為日後帶來非常大的影響。與其試圖獲得全面性的勝利，不如去思考如何從象徵性的小規模戰役取得勝利。

對此，請從世間的角度，重新思考應戰的方式。

再者，對於地球上的人類無法完全解決之事，會有訊息從宇宙降下。對此要加以嘲笑很是簡單，但希望各位將其作為「補充地球的彌賽亞的話語」之真理，傳達給全世界人們，以及啟蒙日本人。

我所描繪的未來，盼望在二一〇〇年的階段，

「藉由英美的價值觀、日本的價值觀，

廢除種族歧視，

並且不是僅透過軍事力使人臣服，

而是創造出一種更接近神的想法，

藉此為政、創造經濟、文化」的如此狀態能一直持續，
對於抵抗如此動向的勢力，
在能夠加以抵抗之時，必須要徹底地予以抵抗。
當日本被他國占領，
或者是被他國用核武威脅，
此時日本人將失去信仰自由，
並且言論自由、出版自由也將消失。
學問自由、良心的自由也會被剝奪。
司法將變得沒有意義，
因為從一開始就已知道「結論」。
近代人類所獲得的智慧，

全都會化為烏有。

對於那股惡勢力，必須要持續加以抵抗。

第3章

彌賽亞的教義

——改變為依據「神的話語」之價值觀的戰役

1 分辨神所揀選之「彌賽亞」的難度

本章章名是〈彌賽亞的教義〉，這是一個較為大膽的章名。

在本章當中，我不會以體系架構的方式闡述，而是想試著談談我現在的感受及想法，譬如「彌賽亞的教義到底應該為何、從現代到未來，世人需要認識何種想法」等等。

和以往不同的是，當今已經進到一個人們非常難以認同「彌賽亞之存在」的時代。或許彌賽亞一詞對於日本人來說有點陌生，彌賽亞即是英文的「Messiah」，通常會被翻譯為「救世主」，然而救世主一詞難免給人一種

「彌賽亞的工作，即是從世間上的諸多不幸、災難中拯救人們，並引領人們開創新的時代」的印象。

本來彌賽亞的意義的確也包含著如此面向，但從原意來說，其實是「於頭頂受膏之人」的意思。是從哪裡受膏呢？即是從神那裡受膏，是神將膏油塗抹在此人頭上。

在日本佛教界，亦有著「灌頂」一詞。譬如為了傳法的「傳法灌頂」儀式，也就是用水清淨頭部。古代猶太人認為，被神塗抹膏油之人即是彌賽亞，從這層意義來說，無庸置疑地，彌賽亞就是「神所揀選之人」。

人們雖然不知神所揀選之人，會以何種身分、階級、年齡、性別等等形式出現，但不論是結果上，或是在同一個時代當中，人們總是能夠感受到「那個人就是神所揀選之人」。

但是，現今地球人口已逼近八十億，即便民主主義制度廣佈於各處，卻仍有一些國家採取極權主義。在如此情況下，從中找出「神所揀選之人」，對其抱持信仰，領受他所傳遞的「神的話語」，並在世間予以實現，如此過程實在是極其艱難。

這或許是因為現代人對於靈性存在及靈感等等，刻意保持著距離，所以與過去相比，人們的靈感可以說是少了一些。

此外，因應大量人口的出現，人們創造了諸多制度，所以「神所揀選之人」要突破那些制度，進而引導人類，並不是那麼容易。

彌賽亞的出現，大概都是地上發生巨大價值觀的碰撞之時。人們無法分出「何者為善、何者為惡」，難以區別善惡之際，皆是十分艱困的時代。

如果多數人所抱持的見解或意見，已經獲得了實現，那麼也就沒有「神所揀選之人」現身的必要。

因此，彌賽亞出現之時，大多會講述目前從未被講述，或者僅有少數人支持的思想或想法來引導人們，並在社會中掀起巨大波浪，顛覆輿論及人類的價值觀。所以彌賽亞大多是少數勢力，在巨大的既有勢力中，試圖進行「價值觀的挑戰」。

他們通常會以少數人之一出現，並且對於既定的巨大權力，展開一場價值觀上的戰役。不得不說，從結果來看，彌賽亞在地上大多難以獲得成功。

此外，現代的職業也分得越來越細，從事特定職業之人，身處壓倒性優勢的情形也越來越少，這讓狀況變得更加嚴峻。

因此，在這樣的現代當中，人們難以判斷「拯救世界之人」，到底會從何種職業當中出現。若是在古代，宗教家相對容易得到世間之人的理解，但現今，寺院的僧侶或教會的牧師、神父等等，要能夠做出像是彌賽亞一般的貢獻或影響，我想那有著相當困難之處。

在那樣的宗教當中，通常存在著龐大的組織體系，有著金字塔般的階級架構。在那當中，擁有特別的超能力之人，或是具備著能夠治癒疾病的拯救力之人，或許能夠從中脫穎而出。但在現代當中，僅靠那些超能力，終究還是難以被世人分辨為「神所揀選之人」。

2 從歷史所見之彌賽亞與地上權力之間的「價值觀之戰」

單靠「話語」和「思想」，與擁有軍隊的掌權者對戰的困難性

若人們只仰賴學校教育或媒體資訊，那麼在大部分的情況下，神所揀選之人就會被貼上「騙子」、「詐欺犯」的標籤，進而被社會鄙視。反之，若是神所揀選之人被眾多人們信仰、推崇，掌權者就會感受到威脅，進而利用警察或軍隊加以鎮壓。在現代中，掌權者會以機槍、戰車、噴射戰機展開攻擊，在如此狀況下，鮮少有領導者能夠從中取勝。

世界的規模變得越來越大，現在與其說是以世界為單位，我想有許多彌賽亞是以一個國家為單位，抱持著使命誕生於世間。雖然過去有著像是甘地、馬丁．路德．金恩等人物，透過非暴力、無抵抗的方式，獲得一定的成果，但是那極為罕見。一般來說，若以非暴力、無抵抗的方式表示反抗，大多數都會被武裝警察、軍隊鎮壓。也就是說，想要單靠「話語」和「思想」影響人心，並非那麼容易。

譬如，根據最近的靈性解讀，一八五〇年代的中國清朝，發起太平天國之亂之人（洪秀全），最終也讓五千萬人犧牲。或許人們當時認為「救世主終於降臨了」才決定跟隨他，殊不知即便是在不久之後就會滅亡的清朝政府，終究是擁有著權力的政府，人們遭到了鎮壓，約有五千萬人被殺害。

在中國的歷史當中，以數千萬人為單位犧牲的事件不勝枚舉。漢武帝雖然留名於歷史，但據說在他在位之時，人口少了一半。由此可見，持有軍隊的掌權者有著多大的勢力。

並且，許多革命的背景都有著宗教思想，所以除了用武力鎮壓人民以外，政府還會傾向將有利於自己的思想、能夠控制人民的思想，強壓在民眾身上。

譬如在秦始皇的時代，孔子的儒教遭到了迫害，但到了漢武帝的時代，即便政府採行儒教的想法，人口卻還是減少了一半。那是因為當時糧食極度短缺，人民因此遭到了政府的殺害，也就是說，儒教對於政府來說是一種很方便的思想，能馴服國民，防止國民叛亂。

現今北京政府正做著相同的事。他們在全球各地設立孔子學院，雖然看似在推動中文教育，實際上卻是希望藉此逐漸地洗腦世界各地的人們。現在人們對此有所警戒，世界各國正進行著各種調查，日本也針對導入了孔子學院的大學進行著調查。

就像這樣，時下的政權為了防止叛亂，作為宗教的代替物，經常使用一些容易控制人民的思想。

日本的德川時代也是一樣，為了防止叛亂，他們使用武力鎮壓了基督徒及島原之亂。對政府來說，最重要的是在發生叛亂以前壓制人民，因此至今的政府大多透過政治、經濟系統、儒教思想，強行要求人民接受「對上要盡忠職守，要徹底理解主從關係」的想法。

所以就算是一個能夠改善這世間的思想，有時候也可能被掌權者惡用。

況且，在現今的民主主義社會當中，媒體擁有著相當大的影響力。然而，即便媒體的數量很多，不論是報紙、電視、廣播，以及最近大量出現的網路媒體，卻不存在著一個明確的領導者。

這些「無名的媒體權力」能選擇或忽略特定的聲音。即使你想要將神的話語或意志，透過這些媒體或以個人為單位的自媒體傳播出去，也未必能夠有所收穫。因為那些話語、意志能否擴散、撼動人心，取決於人們是否有著能夠接收那些訊息的素養。很多時候，人們比較容易接受惡魔的思想。

若是惡用了制度，制度本身有時會變成支配國民的權力

從某些角度來看，唯物論科學等的確看似中立，對善惡兩者都有其功效。不過，當人們過度以唯物論的想法思考，只從「物質」看待這個世界的話，就會迷失己心，最後世間就會充斥著對靈魂的問題不以為意的人們。

當然，有時多少需要唯物論的想法，以改變這個世間。譬如，過去曾經

出現糧食短缺、飢荒的時代，也有流行天花及鼠疫等各種疾病的時代。在那般狀況下，若不改善衛生問題，好比下水道的維護、消毒，眾多人們便可能會死去，所以不能夠全然地否定唯物上的處置。該如何適切地採行唯物論，這部分的確有困難之處。

關於「為何會發生戰爭」的問題，中國的古典書籍當中曾有這樣的描述：「人雖然會增加，但糧食並不會。因此人口若是增加了，勢必會引起殺戮。為了爭奪糧食，強者會擊敗弱者，藉此減少人口。這就是戰爭的起源。」

從某種意義來說，如此說法是正確的。觀看過去二十世紀，不只是糧食，若是能源耗竭了，產業就無法再運作下去，進而經常發生戰爭。

最初，國家會面臨「人口比例與糧食的問題」。接下來在下一個階段，當一個國家變得越來越強勢，終究和個人會有著欲望一樣，國家也會出現欲望。

一個對於權力有著強大意志的人，終究會想要支配他人。

對此，湯瑪斯・霍布斯（Thomas Hobbes）對於有著強大權利欲望的掌權者，比喻為「海上的利維坦」（Leviathan）、「陸上的比蒙巨獸」（Behemoth）。這些掌權者會像巨獸一樣暴動，壓制鄰近國家及國內的人民，迫使人們服從。

就像這樣，不論創建了何種制度，都可能為掌權者所惡用。

譬如，在過去的時代，政府能透過徵收稅金，完全鎮壓國民。

鹽巴就是一個例子。作為人們生活中的必需品，政府能主張「要不要對鹽巴課稅，是政府決定」、「到底要對鹽巴課多少稅呢」，進而藉此控制國民。

或者，政府也能對稻米課稅，這是日本過去一直實行之事。譬如，豐臣秀吉推行了「太閣檢地」的措施，政府以「石高制」的方式，依照每個國民的土地能收割的稻米量課稅。

由此可見，針對生活必要的物資等，政府若完全掌控了其物流、價格、稅額，即能實質上擁有支配國民的權力。

・新舊價值觀之間的戰役① 日本的宗教戰爭

此外，也經常發生「價值觀上的戰役」。

以日本為例，在過去也曾不斷爆發宗教戰爭。

古代聖德太子的時期也是如此。當時人們之間出現了兩派不同的價值觀，一派是「人們應該尊崇日本自古以來的神明」，另一派則是認為「從印度，經由中國進入日本的佛教是高等宗教，所以必須將如此思想放在更高位」。為此，出現了蘇我與物部兩派的對戰。

另外，鎌倉時代興起了非常多的新宗教，在各宗派之間也發生了價值觀衝突的戰役。

譬如，日蓮宗是在念佛宗之後興起的宗教，而念佛宗是由法然、親鸞等所創立的宗教。在念佛宗被創立之後，因為宮廷中的女官也信仰了念佛宗，於是法然等人遭受了政府的鎮壓，被流放到他處。

但是在日蓮出現之後，因為已過了數十年的歲月，念佛宗已滲入民間。於是當後來出現的日蓮開始批判念佛宗的時候，念佛宗便依靠了武士，反過來鎮壓日蓮宗。

於是，日蓮宗也為此武裝，在寺院中準備了長刀、弓箭等武器。在一場知名的「小松原法難」當中，日蓮宗的弟子們遭到了念佛宗武士們的攻擊。不僅日蓮自己在此戰役中受傷了，有一些弟子也因此丟了性命。

除此之外，日蓮曾對幕府預言「元寇將來襲」，並且勸諫「這是因為現今缺乏著正法，只要能確立正法，即能阻止來自外國的侵略」。結果他卻被帶到鎌倉的由比濱險些遭到斬首，甚至被流放到佐渡島。

最終，元寇真的打來了，日蓮這才被緩刑，隱居至身延山中。當時日蓮宗的勢力，終究沒有擴展到日本全國。從當時的人口推算，信徒最多大概只有數百人的程度。

因此，與一個握有權力之人對戰，實在難以取得勝利。即便對方不是握有權力，而是早先出現的既有勢力，若是對此發表反對的思想，也時常會遭受到迫害。

・新舊價值觀之間的戰役②　對於基督教的不信任與鎮壓

耶穌・基督在世之時，由於他能號召數千人的民眾並對其說法，人們認為他就是期待已久的彌賽亞。然而，從猶太人的語意來說，「彌賽亞」不能僅是宗教上的領導者，還必須是政治的指導者。換句話說，彌賽亞必須傳遞神的話語，與此同時，在神的權威之下，還必須能對抗他國的侵略、殖民地化。

在耶穌的時代，也有法利賽人及奮銳黨等，將宗教與政治合為一體的宗派。從他們的角度來看，我想他們應該多少期待著耶穌能夠煽動人民，並且推翻羅馬政權。

不過，在耶穌的話語中有這麼一句話：「上帝的歸上帝，凱撒的歸凱撒。」也就是說，他用了二分法，對人們說「硬幣上刻印的肖像是凱撒，所以人們應將那硬幣繳納給凱撒。上帝的歸於上帝，地上皇帝的歸皇帝」。這番話語使得人們感到失望，因為他們知道耶穌在世間的戰鬥中無法取得勝利。

當時耶穌對數千人的群眾講述這番話語之後，有一部分人們因為絕望而離開，聖經當中描寫了這般景象。

比方說，現今在基督教的教會，人們會將麵包撕成薄片食用，並且喝著葡萄酒。

耶穌做了一個比喻，他對弟子們說「麵包是我的肉體、葡萄酒是我的血」、「吃了我的肉、喝了我的血的人便能得到救贖」，進而將麵包撕下來分給人們，並且在「最後的晚餐」中也喝了葡萄酒。

據說，幾千名信眾在聽到了這番話之後非常失望，因而離開了教團。這代表著他們聽不懂那話語的意涵。

的確，那不是個非常高雅的比喻。畢竟他要人們「吃他的肉、喝他的血」，這就宛如吸血鬼德古拉伯爵在數千百年前所做的事，必然會令人感到反感。

若是仔細閱讀了《聖經》就會知道，當時因為有眾多人們無法瞭解其含意，繼而離開了教團，最終留下來的僅有十二名弟子以及少數人士。

因此，耶穌不僅辜負了人們對他身為政治革命家的期待，在宗教思想方面也讓人們感到失望。對當時的人們而言，神派來的彌賽亞，理應講述更能廣佈於世間的教義，耶穌卻一直講述著，有如爬蟲類型外星人一般的思想，實在難以理解。

此外，耶穌最後被釘上了十字架，但這十字架如今卻成了基督教的象徵，這也實在有點難以置信。換作是日本，這就相當於將墓碑等形狀的飾品掛在身上一般，基督教真的是一個相當顛倒錯亂的宗教。

然而，耶穌本來就是以扭轉這世間的價值觀為目的，也因此基督教使用了相當多的象徵來呈現如此想法。

耶穌在世間僅傳道了三年期間。

由於後世的弟子們當中，出現了能更能夠廣佈如此思想的有力之人，漸漸地世間的價值觀便有所顛覆。

後來基督教在羅馬帝國也漸漸地廣佈，不過一開始基督徒是被當作壞人看待。因為一般來說，基督徒普遍對羅馬抱持著怨恨，而且又是在地下進行著活動，所以羅馬政府認為他們總是盤算著陰謀，只要發生了任何壞事，羅馬政府都把矛頭對向基督徒的身上。就像希特勒迫害猶太人，透過權力強迫人們的服從一樣，當時羅馬帝國的執政者也總是樹敵並加以迫害。

譬如，尼祿皇帝執政期間發生了縱火事件，朝廷將此事怪罪在基督徒身上，對基督教進行了大規模的鎮壓。

然而，在經過了三百年之後，之前被鎮壓的基督徒，卻反過來成為了壓制他人的勢力。這就是人類諷刺的命運，著實有困難之處。

如此問題其實就是出自於人類狹隘的認識力，並且人們對於眼所不見的事物無法判別真偽，無法判斷何者來自於神、何者來自於惡魔。

耶穌自己也引發了奇蹟，治癒了病人。對此，雖然有眾多人們相信那是神的作為，但無論是哪個時代，終究還是有著不願意相信的人們。

即便耶穌要求人們「不可對他人說我所做之事」、「不准對他人說，回到家中也不准說，亦不可對外人說」，終究人們還是忍不住對身旁之人說起，發生在自己身上的種種事蹟。譬如，「本來是失明的，現在竟然能看得到」、「本來無法站立，現在卻能夠站起來」等等。這雖然是一種宣傳，但是在那過程當中，不相信如此現象的人們、擁有既得利益者等等，開始稱基督為「詐欺犯」、「騙子」，甚至有人聲稱「這是惡魔的力量」。

對此，基督反駁道：「為何撒旦要趕逐撒旦呢？」換句話說，他的意思是「若是撒旦驅趕了那些支配著人類，並附身在身上製造著疾病的惡靈，那豈不是自相紛爭嗎？就算是地獄界、惡魔的世界，那種行為也說不通吧」。不過，我認為如此說法還是缺乏足夠的說服力。

如果世間之人受到了過多的靈性影響，將難以作為一個正常之人從事工作、經營家庭。也因此，神才會讓人們處於一個既看不到，也聽不到靈性存在的狀態。

如果每一個人都能夠看得到、聽得到靈性存在的話，想必生活會過不下去吧！雖然世間有一些靈能者，或是靈感很強的人，但如果每天都在能感受到靈性存在的狀態下，生活在城市、公司當中的話，想必是很難受的。如果要你跟一個一天到晚說著「現在眼前出現著幽靈」、「現在我聽到了惡魔的聲音」、「現在天使降臨下來，說著話語」的人一起工作的話，想必會很傷腦筋吧！

那麼，教會對此的接受度是否會比較高呢？事實上，教會當中也有上下階級，處於最高階的羅馬法王，若是有著能治癒疾病的力量，或許能被教會接受，因為那能夠擴展教會的勢力。然而，若是處於下方階級之人能夠治癒疾病或驅魔，對此若是給予好評，那般階級制度、價值的金字塔就會顛覆，所以難以受到他人的認同。這也就是為什麼在宗教當中難以引發奇蹟的原因。

歷史當中的勝利者會葬送對立的價值觀

有些事情，在歷經了時代的變遷後，就能夠清楚明白，然而也有諸多事物，會葬送於歷史當中。

戰爭即是如此。戰爭的主因大多是「價值觀的對立」，而多半歷史是由勝利者書寫，所以人們難以得知事實是否真的如此。

中國等國家有著「革命思想」。這是指，被天帝賦予了天命的天子，會被派送到這世間統治國家，但若是此人變成了惡王、惡帝，革命就會爆發，進而迎來下一代王朝。

中國的歷史皆是如此，時間最長的王朝也只有大約四百多年。中國確實有著如此「革命思想」。

譬如，現今中國共產黨的一黨專政，即是充分利用了這般「天命思想」。他們藉由「天命」的思維支配著國民，並利用統計數據證明「國民生活確實獲得了改善」，還裝腔作勢地對國民宣揚「被外國如此威脅的我國，如今已發展到這等地步」。

這其實就是繼毛澤東之後，那些「終身制指導者」，為了成為把持權力的「現人神」所創造而出的制度。

對此，根據我的靈性解讀，擁有那般權力的中國指導者，絕大部分都墮入了地獄。甚至於，雖然這有點難以啟齒，但蘇聯革命之後的指導者，也有相當多人墮入了地獄。

據說，現今俄國制定了處罰批判政府之人的法律。這部份與北韓有些相似，只要有人批判了建國之人，就會受到處分。

在這種情況下，在判斷「何為正確」之時，既有著「一般人所信仰的宗教所給予的價值觀」的問題，亦有著「在現實世界中，究竟是誰給予了權力」的不同看法，還有著「民主主義受到了媒體非常大的影響」的情形，這些都讓人們難以理解現代彌賽亞的模樣。

3 現代當中讓「彌賽亞的教義」出現混亂的勢力

利用「反地球暖化的格蕾塔」的人們

前幾天，我在電視上看到一個特輯節目，內容是製作單位貼身採訪了一名十幾歲的瑞典少女格蕾塔，過去一年所進行的活動，現在她應該是十八歲。這應該是日本的電視台買下了ＢＢＣ製作的節目。節目的焦點放在這名少女是如何讓世界各地的指導者「陷入慌亂」的場面。

起初，身為高中生的格蕾塔開始罷課，不久，罷課一事在網路上擴散開來，之後世界各地開始出現了模仿其行為的學生。

她把「引起地球暖化的人們」視為敵人，她的論點是從「大人根本就是想要摧毀我們的未來」的觀點出發。為了阻止地球暖化，她開始攻擊那些抱持反對想法的政治家、商人、產業人士，並且主張「正義在於科學當中」、「這就是科學，你們要聽科學的話」。

然而一個放棄學業的罷課之人，卻拚命地主張著科學。對此，川普曾在總統任職期間，正面回擊了格蕾塔，並勸告她「妳應該回去上學，更努力學習才對」、「回去讀高中、大學，好好地用功讀書」。作為一個成年人，這的確是理所應當之事。

無論如何，她被人們視為一種象徵，經常被做為一種「象徵性的分析家」利用。

畢竟她是小孩又是女生，所以對於大人來說，多少有著難以抨擊的一面。而且媒體就是喜歡這樣的局面，他們的基本原則就是「將弱者描繪為強者，當此人變成了強者之後，就得將其擊落」，所以格蕾塔的確有著吸引他們的一面。

正因如此，電視上的報導等等，都把這個反對地球暖化的少女，描繪成宛如是現代的聖女貞德或救世主一般。

我們也對此感到好奇，於是便進行了靈查，並將內容出版成冊（參照幸福科學出版發行《減少二氧化碳排放量是否正確？－格蕾塔為何如此憤怒？－』》）。附身在格蕾塔身上的，首先是一名自稱在大洪水當中倖存下來的「挪亞」。

不過，這和過去收錄的「挪亞方舟」（參照幸福科學出版發行《「挪亞方舟」是否為真實事件？》）有著不同的一面。雖然此人自稱挪亞，但感覺此人一直想要煽動末日現象的恐懼，後來才發現真實附身在她身上的，是俄國革命的主角之一列寧。

除此之外，我們還知道了在她的背後，有著中國的團體提供資金。綜合來看，她的種種行徑難免讓人感覺到，「她被一股想要破壞西方先進國家繁榮的勢力給利用了」。

事實上，因應氣候暖化，為了不排放二氧化碳，產業正進行著轉換，也出現了新的產業。但是對於世界經濟、經濟蕭條、失業、糧食短缺的問題，格蕾塔她沒有任何想法，畢竟她既不是政治家，對於經濟、經營也一無所知。

川普在任時，他試圖重振美國的鐵鏽地帶，也就是那些「本來挖掘著石炭，卻在途中停擺」、「本來製造著自動車，但如今已無生產」的區域。對於這些存在著眾多貧窮白人的區域，川普試圖加以復興，重新為他們找回工作。但在格蕾塔的眼中，做著這些事情的人們想必都是壞人。不過她需要知道，這個世界比她想像的還要來得複雜一點。

雖然有些科學家做了各種假設，譬如「若是地球的平均氣溫上升了攝氏兩度或一點五度會發生什麼事」等等，進行了各種模擬計算。但這其實與那些日本及國外的感染症學家者，對政治插嘴、逼著政治家採取各種政策的狀況一模一樣。

他們只不過是從病毒學的角度說著意見，但對於其後果卻無法承擔責任。所以，若僅從「一個觀點」、從一個「窺視孔」去看待問題，將無法看見事物的全貌。

因此，有時人們會被某些國外的勢力利用，對此必須要加以留意才行。

人類亦需要足夠的智慧，看穿「圖謀惡事之國」的陰謀

此外，「因為氣候暖化，地球會變得像是『挪亞方舟』一樣沉沒於水中」的說法，事實上是科學家對人們的一種「威脅」。根據他們所說的理論，二氧化碳的累積，使太陽的輻射停留在大氣層內，讓地球無法散發出這些熱能。原本太陽輻射進入了大氣層之後，它也會被反彈回大氣層外，避免地球處於過熱的狀態。現今由於二氧化碳滯留在大氣層中，於是太陽的輻射同樣停留在二氧化碳當中。

透過實驗的確能導出那樣的原理，但還有著另一個觀點。即便二氧化碳氣層覆蓋了地球上空，它反而能起到遮蔽太陽光照射地表的效果。若是從這一個觀點思考，那麼便很難加以定論了。

除此之外，觀看過去的地球歷史，確實曾有過更加炎熱的時代。四十六億年前的地球，絕對是一個灼熱的星球。那時，地球絕對是一個處在極度高溫，流淌著岩漿的物體。之後，地球才開始慢慢地冷卻。那些岩漿漸漸地成為了岩石，並形成了山、河川與海。並且在幾億年前，開始出現了生命。

我們也知道，其實早在恐龍還沒出沒在地上的時代，人類就已經存在。恐龍出沒於地上的時代，是什麼樣的時代呢？讓那般體型巨大的恐龍能夠在地上生活，也就意味著當時的地球想必是非常溫暖，植物也非常茂盛。那個時候，除了存在著大型草食恐龍之外，也存在著大量將那些草食恐龍、大型動物等等，當成獵物的肉食型恐龍。

也就是說，在那個比現在還要更溫暖的時代中，地上已確實存在著更為巨大的動物，人類也確實生活在那般時代當中。所謂的「暖化」，與其說這會導致人類的滅絕，倒不如說這能讓人類、動物、植物，在地球環境中生存下去。因此，我並不覺得那是一個致命的問題。

如果沒有一定程度的溫暖化，生命就難以誕生，體型也難以變大。在溫暖的海域中，比較容易養育大魚，在寒冷的海域就難以辦到了，植物也是如此。在積雪的地帶無法務農，然而白雪融化之後，不但能種植農作物，動物的數量也會增加。

從整體來看，人類在漫長的歷史中，不斷重複著不同的經歷。也因此，我們的未來不是藉由人類對溫度預測會上升一點五度、二度、四度而決定。實際上，不同的因素正超越了溫度起著作用。

作為一種對流現象，地下的地函當中也對流著岩漿，所以大陸的浮沉，其實也未必只與暖化有關，還有可能是地下的岩漿活動所引起。

據說在距今三億三千萬年前，阿爾法的時代當中，現今的非洲、歐洲、美國都連接在一起，此大陸名為「盤古大陸」。阿爾法降臨的地方即是「盤古大陸」，所以那裡既不是非洲、歐洲或亞洲。

如同「板塊構造論」的解釋，大陸板塊開始慢慢地分離，但我想那和暖化無關。

如果在影像中盡是放著冰山溶解、北極熊快要溺水的模樣的話，那麼就會讓人們感覺北極都變成了那幅樣貌。過去波斯灣戰爭、伊拉克戰爭的時候，人們也是用這樣的操作手法。當時電視盡是播放著，海鳥因為沾染上伊拉克的原油，進而無法再繼續活下去的模樣。

在那之後，一名少女被慫恿在國會當中傳達「目前當地狀況非常嚴重」的話語，讓人們情緒變得非常激昂。但在事後人們才知道，那名少女其實是科威特駐美大使的女兒。

經過許久之後人們才察覺到，是有人在背後刻意操縱著計畫，進而才爆發了伊拉克戰爭。

即使日本人對於此類問題非常遲鈍，但是不可忘記，世界上確實有人為了自己的國家，進而不斷地策畫著各種陰謀。

自從二〇一九年十二月左右開始爆發了新冠病毒疫情，至今已經約有四點一億人感染、數百萬人死亡。美國的感染者也超過了七千七百萬人，印度則是超過了四千兩百萬人，巴西也是出現了差不多的病例。

此外，歐洲的主要國家、俄國等，現在也有超過一千萬人的患者，東南亞的疫情也在蔓延當中（截至二〇二二年二月十五日）。

唯有中國說著，「因為一開始的防堵作為奏效，所以十四億人口當中，我們將感染人數控制在十萬人以內」。而根據北韓的發表，北韓的新冠感染者人數是零。雖然北韓沒有出現感染者，但是據說因為疏忽於建立對抗疫情的對策，北韓政府肅清了幾名高官。

那些數字實在讓人感到不可思議，對於一個沒有能夠報導事實之媒體的國家、除了掌權者所決定的數字以外，其他都一律不得公開的國家，其他國家不可以太過於認真地與其交涉。

在某種意義上，「政治學之祖」的馬基維利曾說過「世界並非盡是善良之人」，各位必須要擷取當中的智慧並加以思考。

各位必須意識到，世間或許存在著心存惡念、圖謀惡事的國家，也可能存在著帶有惡意的總統或首相。

4 現代所需之彌賽亞的教義

即便天上派遣彌賽亞至世間，也無法將思想滲進共產主義圈的難處

綜上所述，總而言之，即便天上派遣彌賽亞至世間，任務也不會那麼容易就達成。

最近我們了解到披頭四的約翰·藍儂，似乎是耶穌·基督的分身。現今他正幫助本會進行音樂方面的製作，所以與我們之間的靈性關係非常深厚。

雖然當時披頭四的音樂，廣佈於全世界上億的人們，但觀察他們最後的時期，狀況又是如何呢？

一開始披頭四相當流行，卻因為過度流行，在球場等大型場地舉辦演唱會時，頻頻出現暈倒的觀眾，警察、救護車常常進出球場，搬運歌迷到醫院。對此，約翰．藍儂等成員感到非常難過。

他們感覺到「再這樣下去，可能無法讓歌迷享受音樂」，開始覺得樂團在球場舉辦演唱會，已然到達了極限。

過了幾年時間，樂團便解散了。

之後，約翰．藍儂與小野洋子結婚生子，做了五年的家庭主夫，專職在家撫養小孩。停止樂團活動五年之後，他決定以單飛的形式發行新專輯。

一九八〇年十二月八日，當他從達科他公寓出門時，遇到了一名粉絲，為了呼應粉絲的請求，他在粉絲所攜帶的黑膠唱片上簽了名。

然而，當約翰錄完了音樂，五個小時後再次回到家時，發現那名粉絲還徘徊在家門前。本來以為是粉絲的這個人卻拿著手槍，對他開了五槍，其中有四發命中。此人也對他的妻子開了兩槍，但似乎沒有射中。

事後，詢問犯人「為何要做這種事情」，此人回答「若是殺了約翰・藍儂，自己的名字就能夠留存於歷史上」。

這實在是令人遺憾且悲痛，但這也告訴了我們，在美國這個槍枝國家中，即便像是約翰・藍儂這樣的人，就算天使張開了翅膀，也無法擋住子彈。

當時開槍的那個人是否被惡魔附了身，因為我還沒有對其靈查過，所以不得而知。但在約翰過世大約一年半後，我曾去他當時被暗殺的地方看過，那時我不禁感覺到，在同一個時代中與他擦肩而過，錯過了相遇的機會。

約翰・藍儂在年輕時期，最初本來唱著身受女性歡迎的歌曲，博得了世間的人氣。移居到了美國之後，他開始反對當時尼克森總統對北越的攻擊，美軍用燒夷彈殺害了大量農民，於是從那時候開始，他的搖滾音樂表現了那般反對精神。

譬如，他唱了「Power to the People」（還權於民），並且早在那個時代，他就知道「毛澤東革命以後的中國已偏離了正軌」。

由於當時他為美國轟炸越南一事譴責了美國政府，因此遭到了驅逐出境。他在那個時候，不僅反對美國轟炸越南，也似乎感覺「毛澤東革命以後的中國不太對勁」。

因此，他認為如果能在天安門廣場進行演唱會，或許中國就會有所改變，或者是，如果能在蘇聯（現・俄國）的紅場演唱，世間狀況就會有所改變。然而，那些共產主義的國家，一律禁止了披頭四的入境。因為那些國家不知道披頭四的思想為何，所以不讓他們入境。即便他想要入境，卻不得其門而入。在那背後有著不為人知的戰役。

此外，關於那些批判毛澤東的歌曲，雖然他希望能將其收錄於唱片的A面，但似乎受到了政治上的壓力，最後只能將其收錄於B面。看到那般政治的意圖，所以或許在背後有著想要讓他消失的人們。

然而，這實在令人感到悲痛。在現代當中，即使是約翰．藍儂也只能做到那般程度的工作，據說是瑣羅亞斯德的分身之一的洪秀全，也在太平天國之亂當中，與五千萬人一起被殺害。

此外，香港的社運人士也接連被逮捕，或是感受到自身的安危。不需動用軍隊，光是出動警察就能逮捕、拷問他們。當那些提倡香港民主的社運人士，被以「從事反政府運動」之名逮捕時，就會被脫下衣物拍下照片，之後被套上布袋，移送至北京。

中國之所以要讓人們經歷如此恥辱，原因在於他們希望藉此讓人們像是實驗室的白老鼠一樣，因為懼怕被電擊，進而出現一種「條件反射」，不再抵抗。中國的「拷問文化」依舊存在。

此外，維吾爾自治區的維吾爾人，或是與中國政府對立的「法輪功」的人們，似乎在被逮捕之後，被當成器官移植的提供對象。在此我不說有多少人被殺害，不過如此問題確實存在。

在中國，每年處於腦死狀態，能夠提供器官移植的人只有數千人，所以供應量應該有限，但目前在中國卻流通著大量的器官，據說只要說「現在需要某某器官」，有時甚至不出十分鐘就能獲得。

人們推測那些器官來自於死囚，或是在異民族的自治區中遭到逮捕的人們、像法輪功等被政府鎮壓的宗教中所逮捕的人們。他們在「透過醫學救助他人」的美名下，被剝奪了器官。

對此，除非聯合國的軍隊進入中國境內，否則如此問題實在無計可施。請各位務必認識到，現代正發生著這種事情。

此外，也希望各位知道，中國在東突厥斯坦、維吾爾等地，建立了眾多核彈實驗場，過去進行了多次的地下試爆、地上試爆、空中試爆，因為核彈試爆而死去的維吾爾人已達數十萬人之多。

因為如此核彈試爆而死亡的人數，比在廣島、長崎死去的人還要多。世間就是有著隱瞞如此情事的國家。

在價值觀錯綜複雜的此刻，為了改變未來，彌賽亞的應說之事

・針對獨裁、極權主義體制之國以及民主、自由之國

現在，我們還處於能夠改變未來的時間點上。

若是不講述得單純一點，人們就無法理解我想要表達的內容，所以現今我以單純的方式講述。如果有一個獨裁、極權主義體制的國家打壓著國民，即便八成以上的人想要表達反對意見，卻不敢出聲，甚至這個國家還製造著核武，試圖侵略他國的話，那麼那些能反映眾人意見的西方世界國家，就必須去阻攔那般會遮蓋未來天空的烏雲。

此外，即便是民主主義國家，對於那般會致使自己墮落、衰退的事物，也必須抱持著一定程度的律己之心。

在自由主義當中，亦存在著會讓人們墮落的事物，所以對此必須要有所留意。因為惡魔會讓人惡用了自由進而墮落，所以有著西方價值觀的人們，必須要能夠律己，並且對社會、他人的幸福抱持著責任感。

也因此，即便教會對各位說著「我們信仰著基督教」，但實際上，必須要將那信仰具體反映在世間當中才行。

・針對伊斯蘭教圈

對於伊斯蘭教圈，也有其問題所在。雖然他們認為那眼所不見的阿拉，是唯一的真神，並且也多少平等地對待著人們，但是在那教義當中，其實存在著「貧困」的想法，以及合理化「社會無法獲得發展、繁榮」的思想。因此，我認為每一個人終究必須透過自身的努力開拓前程，並且努力打造更發展、繁榮的社會。

就算是相信宗教之人，對於那已經變得過於形骸化的事物，換句話說，就是對於那些只剩下「形式」的事物，各位必須在那「宗教的殼中」注入靈魂才行。並且試著站在神佛的角度，思考應該如何正確地發展科學技術、如何將其用於軍事目的、如何運用太空技術。

就這層意義上來說，若是從歷史來看，彌賽亞能完成的任務，已經變得非常有限。

・針對法治國家的制度

此外，根據幸福科學的靈性解讀，為黑人爭取平權的南非總統曼德拉，似乎是摩西的靈魂兄弟之一（參照幸福科學出版發行《尼爾遜・曼德拉　最後的訊息》）。

即便是曼德拉，他也在監獄中度過了二十七年的歲月，實在是非常艱辛。最後他能夠出獄並且成為總統，我想是因為當時世間的潮流有所變化，不過從天上界的計畫來看，想必那像是「走鋼索」一般驚險。曼德拉真的能否成為總統，進而解放黑人，我想當時天上界實在是難以預測。

這樣的南非，如今亦處於新冠疫情，貧困問題也不斷加劇，購物中心經常被人們襲擊，治安處於不穩定的狀況。

若是一個國家因為貧困，進而發生暴動，警察、軍隊出面處理的話，通常軍事政權便會趁勢崛起。泰國也是如此，軍事政權引發了政變，並持續執政當中。緬甸亦是如此。

就像這樣，當政治家無法於國外樹敵，就會運用軍事力，鎮壓那些在國內造反的人民。如此的人權鎮壓，出現在眾多國家當中。

譬如，緬甸先前進行了憲法的修正。在日本要修改憲法相當不容易，但在緬甸，憲法卻被輕易地更改，他們禁止了「與外國人結婚之人成為總統」、「與外國人之間擁有外籍孩子之人成為總統」。

如此私人之事都被納入憲法當中，實在令人難以置信，但在現實中，這般事情確實在軍事政權下發生了。

也就是說，即使是一個有「法律」的法治國家，也不盡然全部正確。即便有著「議會」，但如果議會當中都是唯命是從的人，那就和只有一個獨裁者的狀況沒什麼兩樣。所以僅僅維護著制度也無濟於事，終究那是內容的問題、靈魂的問題。

・針對新聞報導、網路社會

民主主義之所以能被肯定，是因為「人們對於神佛抱持著信仰心，並且基於每個人都有著能判斷善惡的良心，進而舉行多數決，藉此讓良善事物勝利、惡性事物被驅逐」，新聞報導也應當如此。

如果記者憑著良心撰寫文章，或許有時難免會犯錯，但長遠來看，我想良善的媒體人士會逐漸占多數，進而改變政治與經濟。並且，我認為媒體人的使命，即是擊落那些被惡魔所附身的掌權者。

然而，就算媒體人不是利用槍砲，而是透過文章作為媒介，不過很遺憾的是，他們往往會因商業主義掛帥，為了利益進而抨擊任何事物，有時甚至侵犯人權。

此外，現在網路到處流竄著可信度低落的資訊。人們還會基於嫉妒之心，去攻擊那些受到矚目的人們。

也因此，網路社會未必是一個「自由」與「民主主義」的社會。它有一種能讓人惡意造謠、肆意傳遞八卦資訊的一面。

在彌賽亞的教義之下，打造堅固的「區分善惡的價值觀體系」

總的來說，各位必須打造堅固的「區分善惡的價值觀體系」，為此，各位就必須在世間傳遞「宗教性的原理」、「宗教性的主流思想」才行。

我個人的主要工作，也是在這變動的時代當中，判斷何者為善、何者為惡，並將其告知人們。兩三千年前神佛的思想，已經無法解決現代所有的問題。所以，「對於現代的事物，從被稱為神佛之人們的想法來看，何為正確、何為錯誤」，對此終究必須抱持著勇氣講述才行，即便有可能會遭受迫害，或是遭到他國的威脅。

譬如，中國若想占領台灣，試圖幫助台灣的國家會發生什麼事呢？中國對日本發布了一個影片，影片描述著「如果日本想插手幫助台灣，中國就會對日本的都市發射核武」。可是日本不可因此就坐視不管，千萬不可放任那般邪惡行徑。

此外，英國派出了航空母艦，並在二〇二一年九月，陸續停靠在日本的五座港口。雖然英國曾連續好幾天，接連出現五萬人感染新冠病毒的病例，在那即便打了疫苗，疫情仍持續蔓延的狀態下，他們仍舊派遣航空母艦與其他軍艦到地球的另一端。一九九七年香港回歸時，中國向英國保證「將維持香港五十年自由主義的制度」，但在二十幾年之後，其承諾就完全破裂。所以對於違背國際約定的北京政府，世界各國予以糾彈、抗議，終究是符合正義的。

日本政府對於這些事情則是避免表態，一心只關心著經濟利益。如果日本政府，或是黏在政府背後的公明黨、創價學會等，還在為自己對日中恢復邦交做出貢獻感到自豪，進而沒有意識到正發生了什麼變化，不採取任何政治行動的話，那麼就不得不說，他們正犯下了惡行。

日本必須要根據國力，發表自身意見才行。

此外，幾乎可以肯定新冠病毒是源自於武漢實驗室，但奇怪的是，在其他國家有數億人感染的情況下，原產地卻沒有任何擴散。從客觀來說，這終究是某個國家與全世界為敵，製造著混亂與屠殺。若是人們沒有看透這一點的話，就必須要對第二次、第三次災難做好準備。

我們必須要變得更加堅強才行。

在此之前，我們必須要將更高度的價值觀，降至地上並加以廣佈，提供並教導人們思考的食糧。

各位必須開展思想戰、言論戰。在此之前，各位必須為信仰而戰，須知神與惡魔正進行著對戰。

我不認為日本人持續對世界的事物無動於衷是一件好事。

以上即是本章內容。

第4章

地球之心

——為人類帶來靈性覺醒的「香巴拉」

1 關於名為「香巴拉」的地球祕密

在本章中，我將以靈性或精神性的教義為中心，進行論述。

本章的章名為〈地球之心〉，也可說是「香巴拉之心」，我打算幾年後以這個主題創作電影。作為地球的「靈性中心」，有一個被稱為香巴拉（Shambhala）的地方。地理位置大概是在珠穆朗瑪峰附近地下的某處，入口則是在印度或尼泊爾附近。

在交通不發達的時代，人們難以親自前往該處，而許多大師們，則是進行了靈性意義上在香巴拉的修行。雖然有些人前往了印度或者喜馬拉雅附近，進行著類似瑜伽的修行，但那些無法前去之人，有時則會在睡眠中靈魂出竅，進而前去修行。

在地球上，如果說有人是具備「彌賽亞的資格」或「救世主的資格」的話，大概此人曾在香巴拉進行過靈性訓練。當然，具有彌賽亞資格的人鳳毛麟角，很多修行者尚未達到那般水準，但是已經達到各個領域的大師或導師（Guru）層級的人，就會被賦予在靈性上前往香巴拉進行修行的機會。但這並不是此人想去就能去，而是受到邀請之後，此人才能前去參加訓練。

受到邀請之人的專業背景或職業領域，則是各式各樣。要完成最終的修行，大多需要靈性的覺醒，故以宗教家所占的比例為最大。除了宗教家以外，也有音樂家、畫家、小說家、發明家，政治家，企業家等，甚至在某些時代，還有國王或將軍。香巴拉是為了給人們帶來某種靈性覺醒而存在，但極少之人能前往那裡。

曾在香巴拉修行過之人，雖然仍處於成為救世主之前的階段，又或許只是限定於某個地域或宗派，但通常此人會作為某個宗派的教祖，或是某個團體的大師，從事著引導人們的工作。

以前在亞特蘭提斯、姆大陸、雷姆利亞大陸上面，也曾有過那樣的精神中心，但是當那些大陸沉入海中之後，那些地方精神性的部分，就集中到現今的香巴拉。

其實，鄰國「中國」，現今是一個以唯物論科學為中心的國家，並在這個世間興起了一場巨大的戰爭，香巴拉正面臨著前所未有的危機。

如果三次元世界都充滿著完全不相信靈性世界的人們的話，那就麻煩了。所以我們才試圖進行地球全體的意識改革，亦有很多人致力於將靈性文化、精神文明廣佈於全世界。

在日本作家當中，現今與我在靈性上有所交流，或是在工作上給予幫助的，有芥川龍之介、川端康成等人。這些人們會進出於香巴拉，所以我認為他們獲得了眾多靈性、精神性的靈感。日本的神明當中，也有一部分的神明進出於香巴拉。

假如人們活在這地上世界的時間變長，住慣了這個世間的話，就會產生即使靈性世界不存在也無所謂的想法，進而就會有越來越多的人覺得，只要能住在這個世界就好。因此，人們盡是會對以肉體、物質為中心的世界感興趣。

如今科技發展迅速，機械文明將迎來過去一萬年間，發展程度最高的時代，然而，其中卻潛藏著讓人感到迷惘的誘因。相對於在過著稍微原始一點的生活階段時，人們關注的重點是如何獲得食物，而在部落之間戰爭頻繁的時代，人們關注的則是如何停止部落之間的戰爭、如何才能創造和平。

時代不同，人們關注的焦點也不同，如今的時代，經濟的快速發展，對靈性文明的建設能有多少貢獻，成了一個問題。假如經濟的發展將人們引導至唯物論方向的話，那麼執著於這個世間的人就會增加，不得不說這是一個問題。

這個世間是三次元世界，在靠近這個世間地表的地方，存在著名為四次元的具有磁場的靈界。很多人在死了之後，必須要回到靈界之時，靈魂無法跨越這四次元的領域，反覆地轉生輪迴於四次元與這個世間之間。

動物靈幾乎都是如此，但現在有很多人對於世間抱有執著和迷戀，認為「這個世間才是自己的歸宿、老家」，這些人離世之後回到靈界，就會覺得「自己想要的事物什麼也得不到、什麼也做不到，好想快點回世間」。抱持如此想法的人越來越多，不得不說，這與現在地球上的人口增加有關。

此外，地球當中也有許多來自其他銀河系的人們，有些人是為了在地球上累積靈性、精神方面的修行經驗，或是為了在香巴拉進行修行而來到地球。

不過，也有相反的情形。為了累積靈性修行的經驗，有人會從地球前往其他星球。根據每個人不同的靈魂傾向性，若是有人在地球的靈性修行告一段落，必須要累積不同種類的修行經驗的話，此人就會前往銀河當中其他能夠修行的星球，在那裡接受大師的指導，繼續累積修行。

就這層意義上來說，香巴拉是地球的靈性中心，有一部分來自宇宙的人們，以為了在地球進行修行而來到這裡。

只不過，香巴拉像是被一層神祕的面紗包覆著，大多數的祕密都不被外人知。直到近年一八〇〇年代以後，一部分「香巴拉的祕密」才以「神智學」的形式流傳開來。

因為現今世間逐漸近代化，物質科學文明有所發展，所以講述香巴拉祕密之人會經常遭受迫害，並且被當作詐欺、騙子之類，進而被世人疏遠、唾棄。另一方面，那般思想悄悄地成為了世界各地不同宗教的底流。雖然活在這個世間就如同浮萍一般，但香巴拉的祕密，讓宗教像是浮萍向水下長出根系，並且在水底的泥土裡扎根的重要關鍵。

2 成為彌賽亞的秘儀傳授

彌賽亞透過「香巴拉的修行」，徹底領悟靈性世界的真實

秘儀傳授（Initiation），是想要成為彌賽亞之人的必經之路，若不經歷這個過程，就無法成為真正的彌賽亞。

為了成為彌賽亞的秘儀傳授，或者說，在成為彌賽亞之前的階段，眾多大師必須學習秘儀。那麼這個秘儀傳授究竟是什麼呢？

終究就是此人必須進行為了參透到「靈性世界、精神世界才是靈魂的根據

地，而靈魂的修行，換句話說就是靈魂的中樞部分——心的修行，才是人類作為高等動物，住在地球上的理由」之修行。

如果在這個世間進行那般修行，會是什麼樣的形式呢？舉例來說，就像印度的釋迦所進行的苦行那樣，有人不吃穀物進行斷食修行，也有人會挑戰「難以辦到」的各種艱難修行。時至今日，在日本也有人進行山嶽修行、瀑布修行，挑戰各式各樣不同的修行。只不過由於不是為了成為奧運選手，所以其行為本身並沒有什麼尊貴之處。主要的目的是透過那般修行，相較於肉體上的感覺，更加增強靈性感覺。

關於斷食修行等等，雖然伴隨著危險性，但如果是已經成型的方法，並且在好的指導者之下進行，那麼在這個世間，還是有可能做得到的。

此外，進行斷食修行時，必定會出現靈體游離出肉體的時期。屆時，就會出現靈性的自覺。

但是，這時還會經歷一某種「魔境」。當靈體從肉體游離出來，此人開始認識到自己是作為一個靈性存在時，魔境就必定會出現，各種誘惑也會接踵而來。這些前來誘惑之人，即便本來是靈界的生物或存在，但變成了靈魂之後，卻仍舊認為「這個世間就是自己的根據地」的存在，並且試圖讓其他人們也是那麼認為。

當這些具有魔性的人們出現時，就會用世間的誘惑引人上鉤。「食、性、眠」，也就是食欲、性欲與睡眠欲，這三種是以肉身存在的人類，最具有根本代表性的欲望，而這些欲望就會讓那些魔性存在，從中作祟的機會。

動物靈幾乎無法從欲望的世界中逃脫出來，但即使是動物靈，也有具備著某種超能力的動物，到處被人們像是神明一般地供奉。

譬如，有些動物靈可以幫人們實現現世利益的願望，因而在各處被人們建造神社供奉著。

五穀豐登、順利結婚、子孫繁榮，諸如此類的願望都是現世利益，祈求能獲得這般利益，在日本就有著所謂的稻荷信仰。

另外，如果要追求情欲方面的成就，不僅有稻荷、狐狸，還有一部分的蛇靈能幫助人成就願望，因為牠們都有著極強的執著心。然而，當那般願望無法成就時，那種力量有時就會以詛咒殺死對方的咒力表現出來。有時因為恐懼，那反而會讓男女結合在一起。

這些動物靈的化身雖然帶有著魔性，但牠們原本都是人類靈。有很多人活在世間之時，抱持著某種強烈欲望，在死去之後，即以那般欲望之姿停留在四次元世界當中。從四次元世界反覆轉生到這個世界上，一般稱之為「欲界轉生」。

只不過，從「欲界轉生」的人們當中，有時會出現力量強大之人。這樣的人，有時候會成為地獄界當中的魔王或惡魔。還有另一種人，就是在裏側世界中，掌握了特殊能力並且自以為自己是神，用著特有的能力，讓他人信仰自己，從客觀來說，這些人會使他人陷入迷惑。

就像這樣，在這個世間想要變得更有靈性，進而進行修行時，屆時一定會出現誘惑，遭逢艱難的局面。其結果，此人將會被測試「對於自己是靈性存在的事實，自己能確信到何種程度」。

在香巴拉進行到達宇宙覺悟的靈性覺醒修行

然而，對於在靈性上於香巴拉反覆進行過長時間修行的人來說，能夠在相對早期的階段，就獲得了「靈性覺醒」。

雖然有著各式各樣的修行，但在進行修行的過程中，有的人能聽到靈的聲音，或者是看見靈，也有的人多少會出現一些「特殊能力」。但是，那並非與此人的覺悟境界有著直接關係，只是作為覺悟的旁證，也就是一種可以佐證的道具，那般靈性現象本身並非覺悟。

對於自己是靈性生命的事實，終究自己能掌握到何種程度才是關鍵。因此，即便自己肉體存在這個地上，你仍必須要持續追求你在靈界之時想要追求的精神態度、修行、覺悟之心。在這個努力的過程中，你的靈魂在世間即會得到磨練。

所以若是用別的話語來形容，對於在這世間持有著肉體，若不吃食物就無法活下去的人們來說，從某種意義上來說，活在這世間，就像是參加「障礙賽跑」一樣。如果變得靈性，那些稍微努力就可以輕易跨越的東西，在這個世間，卻是一種「障礙物」。

譬如，對於人來說，從這一家到另一家，或者從這個房間到那個房間，凡是有牆隔開的地方，你就無法未經許可、不打招呼地從裡面穿過去。但是當你變成靈性存在時，就算眼前有一幢房子，你都可以穿越過去，房間的門即使不打開，你也可以穿牆而過。

儘管人們活在如此「不可思議的世界」裡，但對於活在其中的人們揭曉這一切，人們就會變得靈性嗎？

如果一下子就能變得靈性的話，從某種意義上來說，人們就沒必要出生在這個世間，只要一直待在靈界就好了。

靈界當中不會發生像是地上的交通事故，人們都是靈體，以為快要撞在一起的時候，兩者會互相穿透過去。

此外，在靈界，建築物以千姿百態的形式存在，不過靈都可以穿過它們，就連山也是可以加以穿越。

比方說前面有一座山，即便以為「這麼一直飛過去就會撞上」，但其實根本不會撞上。山會在眼前裂開，出現一條可以穿過的道路。落入湖中，以為「糟糕，要淹死了」，但是不會發生那種事。你會經歷一個沒有氧氣，也不會窒息的不可思議的體驗。

所以，古代不可思議的故事當中，其實混入相當多類似那般靈性世界的體驗。

此外，根據同樣的道理，對於那些成為靈性生命體，超越地球靈界的人來說，即使宇宙當中沒有氧氣，也能飛到那般沒有氧氣的宇宙空間中，到達沒有食物和氧氣的其他星球，與那裡存在於靈界當中的人們進行交流。

世人一般認為在地球上沒有超過光速的速度，使用光速來測量星球彼此的距離，有「幾光年」、「幾百光年」等各種說法。以光的速度花一年時間前進的距離就叫做一光年，從太陽系的行星，到另一個星系當中有著人類型生命體的行星，至少有著四光年的距離。以光的速度，最少要花上四年。

然而，如果是用靈速的話又會如何呢？

靈速是沒有上限的。根據此人所具備的「靈性能力」與「覺悟力量」，靈性速度會有所不同。因此，有人能以光速行動，也有人只能用音速，如果認識力的水準再低一點的話，也有人只能用地球人走路或奔跑的速度移動。

各位偶爾看到的小火球或人魂之類的東西，忽上忽下地飄著空中，速度和小孩子走路的速度差不多。這般水準的人魂，如果能達到與腳踏車差不多的速度的話，那就算是跑得很快了。

就像這樣，靈性意識越覺醒，越是瞭解到靈魂的自由自在，就越能改變形狀，還能夠改變移動速度。有時候還能做到瞬間移動。

譬如，假使距離地球四光年的某個行星上，住著其他人類型外星人，要前往該地，如果是靈性大師，或者是覺醒程度更高等級的靈性大導師的話，幾乎能以瞬間移動的方式，只要想一下那目的地，就能抵達那裡。

那麼，若是想前往更遙遠的銀河的話，就會變得如何呢？

想要前往更遙遠的銀行，從一個群體靈魂分離而出的單一靈魂，難以輕易地隻身前往遙遠的銀河。屆時，必須要以靈團方式移動，也就是自己的靈魂的集團合成為一個光球，再以光球之姿，從這個銀河移動到另一個銀河。

移動速度亦是各有不同，有人要花上幾年，也有人要花費幾日，或者是幾個小時。此外，如果能達到超高速，看起來那幾乎就是瞬間移動。依照能力的高低，就會產生速度的差異。若是感覺到難以前往遙遠的彼方，此時就必須招集獨立而出的靈魂，一起成團移動，此為基本的方式。

除此之外，獨立而出的靈魂，在前往其他宇宙，或者是前往其他行星體驗時，一般來說，大多會跟隨著一位更高一段的指導靈給以引導。若是沒有跟著指導靈，此人經常會在宇宙當中徬徨，變成流浪之人。因為此人會變得「不知道現在自己身處於宇宙何處」。因此，必須要有那般高級靈予以引導。

雖然有著那般自由自在的宇宙覺悟，但若是把話題轉回地球上，現今，為了成為「覺悟之人」而進行修行之地，就是被稱之為香巴拉的地方。

「愛爾康大靈」是創造出具備救世主資格的香巴拉之主

就這個世間而言，中國作為一個信仰唯物論科學的國家，對周邊的國家構成了威脅，不論是印度，還是聖母峰的周邊，中國都意圖染指。對此，希望各位能認識到，現今有一股非常大的力量，正積極地想要加以保護。不久之後，將會發生眾多事件，讓人們看清「靈界與地上界，究竟哪個才是真正的世界」。

地球的香巴拉之主、最高領導者，是「愛爾康大靈」並未顯現在地上的那個部分。那就是香巴拉之主。

關於這個問題的祕密還有很多，雖然現在仍無法全部揭曉，但釋尊在尼泊爾與印度的國境附近出生，並且在尼泊爾和印度傳佈佛教的時候，幾乎就可以確定香巴拉就是地球的靈性中心。

在那之前，還曾經存在著幾個靈性據點。

譬如，埃及等地在很長一段時間裡肩負著靈性中心的職責。埃及也曾作為修行之地，但在大約兩千年前，托勒密王朝滅亡之後，作為靈性中心的埃及，就變得相當衰弱。雖然現在那裡仍有著靈性領域，卻已十分微弱，已變成是過去的文明。

以耶路撒冷為中心的時期也曾短暫存在過，但是時至今日，其力量也逐漸式微。

在那更早之前，底格里斯河一帶曾孕育出許多文明，那裡也曾出現過許多具有救世主資格的人們，而如今，一切如各位所見，那裡並非是處於先進國家的狀態，周遭地帶也變得沙漠化，作為「靈性中心」的位階，已變得非常衰落。因此，那裡雖然還有著讓民族神級別的人進行修行的地方，但作為地球等級的修行之地來說，就已失去了莫大力量。

歐洲也曾經有過一段繁盛的時期。大概在一萬年前，打從奧丁神在以北歐為中心受到尊崇的時代，一直到凱爾特文明實質滅亡的時代為止，那段時間是北歐作為靈性中心的時期。希臘也曾有一段時期是歐洲的靈性中心。隨著地上文明的變遷，靈性磁場也會改變。

現今，從這世間的角度來看，位於聖母峰地下的部分，即是香巴拉的所在地。因為地上文明的變遷與這些靈性中心有著連動關係，所以幸福科學才會對於地上的國際政治經濟動向、戰爭等方面發表著意見。

過去亞特蘭提斯曾有一個高度的文明，在那裡也有一個靈性中心，但儘管如此，當亞特蘭提斯文明本身被摧毀之時，在那裡的神明也就失去了存在之處，只能轉生到其他地方。

此外，穆大陸沉沒的時候，也發生了同樣的情況。位於印度洋上，印度與非洲之間的雷姆利亞文明沉沒的時候，也是一樣的情形。

現今非洲在過去曾經非常繁榮，也曾經是靈性中心，但遺憾的是文明的中心已轉移到其他地方去，現在在靈性上已不具多大的吸引力。

香巴拉與覺者①——「年輕時期耶穌・基督」的修行之旅

在幸福科學的書中有提到，耶穌・基督在世之時，曾經前往香巴拉修行

（參照幸福科學出版發行《黃金之法》、宗教法人幸福科學發行《「黃金之法」講義①》）。

耶穌．基督作為宗教家嶄露頭角，大概是三十歲的時候，據說他講道傳教了三年之後，三十三歲左右時被釘在了十字架上，人們相傳「在他三十三年的生涯當中，有十七年行蹤成謎」。也就是說，人們不知道他在三十歲之前究竟做了些什麼。

可以確定的是，他曾有一段時間去過埃及。在埃及向神官進行了學習，此外，他還在埃及的大圖書館，學習過去亞特蘭提斯文明流傳下來的文獻等。當時佛教已經傳佈至埃及，也就是耶穌生活的那個時代的埃及，在埃及還有佛教的寺廟。耶穌在佛教的寺廟中，認識到「在印度那裡，存在著更高階段的靈性磁場，並且還有那般宗教」。於是他旅行至西印度，學習了過去佛教的一部分知識，還學習了一部分瑜伽知識。

香巴拉與覺者②

——「約翰．藍儂」的靈性覺醒與尋找香巴拉而消失的「老子」

與此形同的情況，也發生在約翰．藍儂身上。

「約翰．藍儂是耶穌的分身」，這是幸福科學首先提出的說法，披頭四樂隊的主唱約翰．藍儂，最近也經常現身於幸福科學，對音樂進行指導。

約翰．藍儂在英國出生，他從利物浦到英國全國、德國等地進行音樂活動。在那過程中，他的人生發生了變化。也就是說，他為了成為「靈性大導師」，變得必須不斷累積修行。

於是，藍儂與最初結婚的妻子離婚，坐上了火車前往印度。之後，他短暫進行了瑜伽修行，並在印度受到了某種靈性衝擊。

在那之後，與日本女性大野洋子結婚的約翰．藍儂，和之前的約翰．藍儂開始變得有點不一樣。

因為東方的宗教秘儀加諸其身，約翰．藍儂與其他披頭四成員漸行漸遠。我想他當時覺醒於他自己原本的使命。

他在世間之時，無法完成其使命，只是作為先驅，顯現出其中一部分。但現今於靈性上，他又開始了展開工作。

所以，請各位要認識到，耶穌去過印度，約翰．藍儂也去過印度，他們都在那裡獲得了某種覺醒。

此外，據說中國的老子西出中國的函谷關之後，就消失在沙漠裡。但我想在那之後，他其實是朝著香巴拉而去，現今他也是將香巴拉當作主要的住所。

香巴拉與覺者③
——「牛頓」、「愛因斯坦」等數理系大師以及靈性大導師的存在

除此之外，在過去其他文明當中，尚有許多不知名的覺者，同樣獲得了那般靈性覺醒。因為那些名字或者是那些事蹟未被流傳下來，所以各位幾乎沒有辦法知道那些人們的存在。然而，他們確實真實存在。

譬如，被稱為近代科學始祖的牛頓，他確立了牛頓力學。

在世間當中，牛頓曾擔任過造幣局的局長。而在私底下，他是某種意義上的靈性大導師，拚命地研究神祕事物。

此外，現在的共濟會，據說有著地下組織。這個共濟會背後的創立者，或者是說第一代會長，是一位大導師，其實也就是牛頓本人。

所以說，對外作為物理學方面的功績，牛頓提出了「牛頓力學」，「蘋果之所以會從樹上掉下來，是因為引力在起著作用」。他從此處開始，奠定了各種古典力學、物理學的基礎，也就是說，牛頓公開了神的一部分祕密。

此外，因為一百多年前愛因斯坦的出現，而產生了超越牛頓力學的新現代物理學。然而，一百多年前出現的愛因斯坦物理學，在現代人的眼裡，依然是非常困難，存在著眾多難以理解的部分。

這般數理系的大師或靈性大導師，也存在於香巴拉。

牛頓有一個不為人知的名字，叫做「庫特・霍米」（Koot Hoomi），這位庫特・霍米長久身處於香巴拉當中，掌管與地球相關的科學技術類的發展，從事著啟示人們的工作。

除此之外，還有眾多各位所不知道的大師，在必要之時，他們就會出現。

如果各位能夠再進一步，從肉體的束縛中脫離而出，開始追求靈性方面覺醒的話，那些人們就有可能作為指導靈而出現。

然而，當人們沉溺於塵世的現世利益，無法克服六大煩惱，或者是有很多人將世間的戒律，看作是「壓抑行動」、「壓抑自我實現的欲望」，認為那是非常不自由、不合理、沒有道理可言的話，人們就不會被授予打開另一個世界大門的鑰匙。

如果在這個初級階段止步不前的話，那麼十分遺憾，想要進入那個「奧義的世界」是極為困難的。

香巴拉與覺者④──賜予香巴拉力量的海爾梅斯與奧菲爾利斯

此外，作為愛爾康大靈靈魂兄弟的一員，海爾梅斯（Hermes）在地上活躍之時，負責了「政治、經濟、軍事、貿易經濟方面的工作」，另外據說海爾梅斯作為冥界與此世的橋樑，還負責了引導與通訊的工作。在海爾梅斯的職責當中，還有一部分是賦予香巴拉力量。

在奧林匹斯十二神的時代，以奧林匹斯為中心的時候，當地還有著巨大的靈性磁場時，海爾梅斯曾活躍於該處，但在釋尊出生之後，海爾梅斯就變得經常出入香巴拉。

另外，比海爾梅斯更早的時代，愛爾康大靈靈魂兄弟當中被稱為「奧菲爾利斯」（Ophealis）或「歐西里斯」（Osiris），曾降臨在埃及。雖然謠傳他死後「成為了冥界的冥王」，但他在世之時，在埃及長久從事了傳授靈界秘儀的工作。在埃及衰退之時，他現在也來到了香巴拉。

香巴拉與覺者⑤——在香巴拉獲得靈性覺醒的耶穌的「確信」

還有很多其他覺者。

譬如，像是基督教等，除了廣布於現世當中基督教教會的工作之外，如果閱讀《聖經》當中耶穌所說的話語，各位就會發現其中有著極度與此世脫離的靈性內容。

就像那樣，講述著與世間價值觀相差了一百八十度的耶穌話語，這就是在香巴拉獲得靈性覺醒之人、接受了秘儀傳授之人特有話語，僅用這世間的常識來看，必定有著許多無法徹底理解之處。

在他的話言與行動之中，與這世間倒錯之處非常之多，因此也有很多基督徒無法加以理解。

譬如，聖經當中的一段話「就是對這座山說『移開，投到海裡去』，也必成就」，這在這個世間當中難以理解。

但是在靈界當中，成為那般的「靈性大導師」之後，就真的會具有讓靈界的山脈崩裂的力量，也可以創造出山脈來。靈界當中有著各種不可思議的事物。既有著風景，也有建築物，還有人住在那裡，但是大導師具有著將這些事物，從根本加以改變的力量。

此外，對於耶穌甘願背上十字架，做出眼看會丟掉性命的行為，有人認為那是「他在世俗當中不夠聰明」、「活下去的意志薄弱」、「試圖活下去的智慧不足」，但這其實是靈性覺醒的問題。

對於那些，百分之百確信靈魂的存在，百分之百相信心是靈魂的中心，對於控制己心有著百分之百自信的人來說，靈性生活才是最重要的，這個世間僅是附加的裝飾罷了。

這些內容，已經是弟子們無法理解的另一個世界，終究，大師有著與眾不同之處。

香巴拉與覺者⑥

——累積了靈界體驗的「蘇格拉底」與「柏拉圖」

不只是耶穌，還有其他人也會做出看似輕視世間生命的愚蠢行為，但在這些人們當中，應該有人在日常生活當中，掌握到了「靈性的自己」。

譬如，蘇格拉底就是一例。

蘇格拉底自己就是靈能者，他向人們講述了靈界的輪迴轉生。

蘇格拉底講述的輪迴轉生，成為了希臘哲學的根本，若是那個哲學持流傳至現在的話，輪迴轉生的思想就一定會進入西方世界。但由於後世的學者們和哲學家們，完全不能理解蘇格拉底所說的，所以才都不相信他說的那部分內容。

蘇格拉底曾說過轉生至靈界之事，也說過動物靈界與人類靈界之間的輪迴轉生是可能發生的。

譬如，他曾寫過「在世之時，有著『勇氣』之德者，有時會轉生成獅子的樣子」、「在世之時，堅持想要維持『己身清白』，並想要表現如此想法之人，有時會轉生為天鵝」。但有很多人只把這看作為單純的比喻、借喻、傳說故事。

很可惜，人們將此當作傳說故事。二十世紀以後的哲學，成為了符號學，或者是與數學相結合。

非常遺憾，不得不說如此一來，人們無法解明生命的祕密。

蘇格拉底及其弟子柏拉圖，終究是靈能者，並且是累積了靈界體驗之人。

3 如何找回「香巴拉之心」

動搖那些近代以後，不承認靈性的大眾與學問

在現代這個非常艱難的時代裡，人們受到物質文明與世俗教育的影響相當嚴重。為了向人們揭曉靈界的祕密，譬如，就算是神把像是榮格一樣的人，派遣到這個世間，榮格派的心理學卻和唯物論的醫學互相連結，其結果，人們變得有點分不清，靈界的存在究竟是真是假。

心理學者傾向於將夢及靈界作為某種象徵，所以那樣子的心理學者，不一

定相信靈界的存在。

然而，「與相信靈界存在的各種宗教家相比，心理學者更瞭解人的大腦和心」，如此誤解蔓延於世間當中，於是處於下方之人，反而取代了上方之人。那般學問體系，也是現今必須要加以修正的。

在近代哲學界當中，還有一位笛卡爾。讀了笛卡爾寫的書就會明白，他也是一位靈能者。實際上他是一位極具靈性之人，可以得到靈示，也常常能看到靈，也能夠讓靈魂出竅。

但是，人們只用表面的文字去理解笛卡爾的哲學，好比人們用著極為理性、合理的方式去解讀他的《談談方法》。

此外，康德出現在德國，他對靈界其實是很感興趣的，但是他自己並沒有積累充分的靈性經驗，並且由於他生活在產業革命的時代中，所以對「近代的理性」十分關切。「理性」的思考方法，在某種意義上，導致人們透過訓練大腦，追求「合理性」、「邏輯性」的思維模式。

然而，這本身與「覺悟」並無關係。覺悟是凌駕於其上的，處於其下的，不是形而上，而是形而下的「世間物質」或「技術」等。譬如，「因為氣候暖化，所以冰層融化」、「地球的溫度在上升」、「因為二氧化碳的排放量增加，所以才變成那樣」，如此想法的根源，其實就是康德的理性主義。簡單來說，因為不考慮「靈性事物」、「靈界事物」，所以就出現了「唯有用這世間的邏輯能說得通的事物才是正確」的思維模式。

因此，比方說，在現代當中，假如想要取得「博士學位」，若是不講求理性與合理性的話，那就會拿不到學位。所以對於靈性、靈感那方面的事物，人們傾向於不予以承認。

所以，像愛迪生那樣靠靈感活著的人，作為一個發明家、作為一個獨特的天才生活於世間，那倒是沒什麼大礙。但如果像是愛迪生那樣的人，想要去現代的一流大學取得博士學位的話，那肯定是會被搞到崩潰的。

因此，並非只有在這個世間，對每個人都能解釋明白的道理才尊貴。現代文明的基本構造，是在六次元學者的頭腦能理解、能說明的範疇中，所出現的各式各樣原理所建構出來的。問題就在於七次元以上的原理，並沒有被充分採納於其中。

相對於此的神智學的概念，或者是「神祕主義」等，這些事物雖然有時會被人們有所揶揄，但我認為，終究必須要用這些靈性事物，去撼動人們的固有觀念。

如同先前所述，德國的康德也並非沒有信仰心，但是他重視人的頭腦的思想，因此削弱了神「對於這個世間的統治力量」。並且，他排除了無法作為學問加以研究的事物，進而將焦點放在可以加以解釋、思索的學問領域。

所以，他並沒有否定性靈性事物。

此外，與康德同一時代還有一位名叫史威登堡（Swedenborg）的超能力者、靈能者。他把自己經歷過的許多靈性體驗都記錄下來，譬如「自己靈視到在同一時間於遠處發生的火災樣貌」、「連續幾天以假死狀態，前往靈界旅行，並寫下了靈界探訪錄」、「每個人都有著命運的卷軸、筆記」。康德對那些事物很感興趣，並且曾經加以閱讀。

但是，他的想法是「對於那些自己無法經驗、無法體驗、無法進行實驗的事物，自己是無法涉足於其中的」。我認為，正是這般抑制性的思考方式，為近代學問設下了極限。

對此，現今大川隆法正透過端出多元的思考方式，試圖建立新的學問體系。我試著將現今最多只到六次元水準的學問體系，拓展至九次元之上的水準。

透過兩個革命，保護受到中國威脅的地球靈性中心地香巴拉

我希望各位瞭解到，現今有一個名為「香巴拉」的靈性覺醒之地。

萬一，地上的文明再次出現興衰，香巴拉無法再作為靈性的修行之地的話，屆時就必須在地球上另外打造靈性的中心地。雖然或許此時此刻沒有人考慮到這一點，但這是一件非常重要的事。

在中國傳說故事中，陶淵明所說的「桃花源」就是香巴拉的入口，當時

的中國，還具有濃厚的靈性氛圍。儒教、道教、佛教等宗教有著很強的影響力，在靈性方面也有著重要意義。但如今中國卻變成了「喪失了靈性意義的大國」，通往香巴拉之路似乎快要被關閉了。

關於桃花源，傳說「人們為了躲避秦始皇的暴政，發現了山中的秘境並移居於此，花了幾個世紀的時間建築為烏托邦世界」。這也就是說，「從秦始皇時代到三國時代，桃花源都是存在的」。

若是從各位已知的地方來說，洞庭湖出現了一位名為洞庭湖娘娘的女神（參照台灣幸福科學出版發行《大中華帝國崩壞的序曲》），離洞庭湖那裡不太遠的地方，其實就曾經是桃花源的入口。但是現在已經無從尋覓了。

所以，中國正做著許多破壞靈性的活動，對此，現今才會出現了各式各樣的天變地異，以便加以對抗。

中國這片廣大的土地，若是完全失去靈性磁場的話，終究是難以忍受的，對此必須要做些什麼才行。此外，因為儒家思想較少講述靈性思想，所以儒教之祖的孔子，遭到中國的惡意利用。這種情況與近代康德「否定靈界的思想」被惡意利用的情況是一樣的。

在儒教當中，有「天」的思想。儒教認為有「天帝」的存在，基於其教義，「道德」、「有德之人」得以治理世間。

但是，儒教忽略靈性層面，進而長期以來被為政者濫用，將教義盡是用於「控制人民」、「維持秩序、安定」。如今孔子的狀態也岌岌可危，儒教也瀕臨滅亡邊緣。這告訴我們，作為宗教，不能太過於現實。

因此，各位正同時推動著「世間革命」與「靈性革命」，希望各位能對「香巴拉的思想」能有所認識。

還存在著眾多「祕密的世界」

我在前文中說過「牛頓是共濟會第一代的大導師」。然而，共濟會的源流其實可以追溯到比牛頓更早的時期。文藝復興時期，以義大利為中心，「玫瑰十字會」曾相當盛行。那就是共濟會的源流，並且當時盛行的是「海爾梅斯思想」。

關於海爾梅斯．崔斯墨圖（Hermes Trismegistus），人們研究他出生於至少距今三千年以前的古埃及。他的教義引導了後世煉金術的發展，為近現代化學奠定了基礎。

海爾梅斯思想流傳至牛頓，而牛頓的共濟會，又將世界各地不同的人們串連起來，過去有些曾做過總統或首相之人，都與共濟會有一些淵源。

此外，過去在日本以長崎的哥拉巴園為中心展開活動的坂本龍馬，也被認為是日本共濟會的一員。也有傳言說，共濟會有一部分的資金流向了日本。

然而，雖說共濟會現今依舊存在，但影響力已大不如前。我認為現在活躍於世人面前的宗教，其力量反而比較強大。

儘管有教會制度等的存在，但若是教會變得太過於世俗，變得以政治為導向的話，就又會出現像是共濟會一般祕密結社的組織。

希望各位知道還有眾多這般「祕密的世界」，並非所有祕密盒子的蓋子都被掀開了。

作為《彌賽亞之法》的其中一章，我闡述了「地球之心」，這也就是「香巴拉之心」。若是各位的覺悟有所提升，屆時我會再教導更高度的內容。

第 5 章

彌賽亞的愛

——在靈魂修行之地「地球」的愛的應有之姿

1　從「世間的機制」來思考彌賽亞存在的理由

即使是偉大的靈魂，在這一世也得從零開始

本章的主題非常罕見也有點難度，題目是「彌賽亞之愛」，雖不知能將內容講述到何種程度，但我想透過人類的話語盡可能地講述。

之所以會有彌賽亞的存在，其實這與「世間的機制」有所關連。

人出生至這個世間之前，是作為一個靈，或者說是作為一個魂，生活在被稱為「靈界」的實在界當中。比較快的人，經過幾年或幾十年就會轉生，但一

般大多是過了幾百年才轉生。而那些「身負重任之人」，則是僅一千年、兩千年、三千年才會轉生一次。

因此，離開這個世間之後去的靈性世界，也就是被稱為「實在界」的世界，才是真實的世界，轉生時有著一定的規則。轉生於世間之際，會從父母那裡獲得肉身。雖然嬰兒的體重，有著三千公克或四千公克的差異，不過在這個小小的肉體當中，卻寄宿著靈魂。轉生之時，有一條地球的規則，那就是「要暫時忘掉前世之事」。

若非如此，就會有人說出「自己的前世，是出生在鄰村的某某某，當時我的父母親是這樣那樣的人，我是幾歲時生病死的，這次又轉生下來了」。在印度等地，雖然罕見，但有時會看到此類報導。

聽起來這好像也不全然是件壞事，可是轉生到世間之後，若前世的雙親還健在，此人就有可能分不清誰才是自己的父母，往來於兩個家庭之間，在自我認同上出現了混淆。因此為了增加在這個世間的學習收穫量，才會讓每一個人暫時歸零。

也因此，就變成了「每一個靈魂都是從普通的小嬰兒出生，對將來充滿了未知」、「在世間生活幾十年，逐漸了解自己是誰，並且領悟到自己該何去何從」，進而讓每一個人能夠累積經驗。

從這層意義上來說，出現某種程度上的失敗，也是很合理的。

「在前世有過巨大成功之人，若是帶著那樣的智慧出生，那麼此人在世間就會遭遇較少的失敗吧」，雖然人們有時會有這樣的想法，但是人轉生到世間之後，都得忘掉前世之事。一歲之前，想發出聲音都很吃力，甚至連「爸爸、媽媽」都叫不出來。有些孩子能夠爬行，有些孩子則是連爬都不會，有些孩子則是很晚才學會走路。此外，在上小學之前，有些孩子不知道該如何學習，也聽不懂別人的話。每一個孩子都在各種不同的條件下成長、接受教育。

然而，作為現代的特徵，什麼樣的靈魂到底會出生在哪裡，則是完全不得而知。而且，全世界幾乎已沒有階級制社會，所以「即便是一個偉大的靈魂，也必須出生在各種地方，從零開始努力」，像這樣的「實驗」是可能的。與過去不同，現代能從事任何職業，或者根據不同的學習方式，可以前往各種學校，或者是任職於各種公司，從事各式各樣的事情。

雖說如此，階級制社會也並非完全不具合理性。譬如，某一個靈魂抱持著「生於世間時，希望從事某種職業」的想法時，若是出生在從事那般職業的家庭，自然就比較容易繼承該職業。其中最具代表性的，就是生為政治家家庭的第二代，有的人會成為第二代政治家，又或者是成為第三代。雖然這樣的人並不多，但是生於政治世家，的確成為政治家的機會比較大。

此外，也有一些家庭文化，讓此人容易從事那樣的職業。即便如此，有些人還是無法從事自己希望的職業。

日本到江戶時代為止，如果是出生在醫生世家，就必須要繼承家業從醫。但是在現代，就算是生在農民之家、商人之家，或者普通上班族家庭，也可以透過學習考進醫學系，只要考過了國家的醫生證照考試，就可以成為醫生。

除此之外，也有人因為父親或母親犯罪，因而讓家人吃盡苦頭，於是便下定決心，一定要從事與父母親完全相反的職業。因此，有些人想成為捍衛法律的警察，有些人則想成為法官、檢察官、律師，或者是有人想成為能幫助他人的醫生或護士。

也因此，即使家庭出了問題，但問題家庭出身的人不一定會變壞，也有人會去追求完全相反的事物，這個世間也準備了那樣的「選項」。

各個不同時代、地域的貧窮事例

正因為現代是一個非常方便的時代，就出生在其他時代的人們來看，或許是一個非常令人羨慕的時代。

從這層意義上來說，有很多靈魂都希望出生在現代。這些靈魂想要看一看「世間究竟發生了怎樣的變化」，希望前來累積經驗。

雖是如此，「世間的便利」也讓人們容易忘記靈界才是實在界，才是靈魂本來的居所，這也就是困難之處。

・二十幾年前印度的乞丐與赤腳孩童

長期處在物資匱乏的貧窮狀態，光是要活下去就很困難，有時必須要乞討才能活下去。

雖然現今印度稍微富裕了一些，但我初次去印度旅行時曾前往鹿野苑，也就是釋尊開悟之後，向最初的五名弟子進行說法的地方。

那時，我看到了失去了一隻胳膊或一條腿的孩子，一瘸一拐地朝我走來，嘴上說著「請給我錢吧」。

我問導遊：「他們是天生殘障嗎？」導遊說：「他們必須有飯吃才能活下去，所以他們的父母出於愛，就砍去了他們的一隻胳膊或一條腿，如此一來，人們就會心生憐憫，心想『這樣肯定無法工作』，若孩子這時再說一句『行行好，給點錢吧』，人們就會掏錢出來。有些孩子就是這樣才變成殘障的。」世上竟然還有這種形式的愛，令我感到吃驚。當地的父母故意使孩子變成殘疾，這樣才能得到他人的恩惠活下來。

我想現在情況應該有所改變，但我第一次去印度是二十多年接近三十年前，農家的孩子沒有鞋子都赤腳走路，並在稻田裡工作。那時，旁邊有一條道路正在鋪設柏油，我看到有一名少女赤腳走在那還沒完全凝固的熱柏油路面，心想「該不會連拖鞋都買不起吧」。

通常農家生孩子的理由，就是希望能夠有幫手幹農活。從孩子還小的時候，差不多小學、國中的年紀，就可以幫忙幹活了。孩子越多，人手也就越多。基於這個原因，我曾聽過「有一半孩子沒辦法去上學」。我希望現在的情況有比當時好一點。

因此有些時候，人為了生於這個世間、為了養家糊口，必須要經歷各式各樣的辛勞。但隨著社會的發展，人們開始享受豐富的食物，在先進國家，百分之十到二十左右的食物，還沒被食用就被丟掉了。

我想現在全世界大約有八億到十億的饑餓人口，如果把那些丟掉的食物集中起來，就能夠讓這些人吃飽。現在世界上正不斷發生著一邊丟棄食物，另一邊卻有人吃不到食物而被餓死的情況。

此外，在貧困地區，一種原始的經濟形式正盛行著，也就是人們透過偷竊、搶劫、殺人來謀取財物。或者是像過去一樣，女性用自己的肉體來換取金錢。當然，先進國家也有同樣的情況。

・看著報紙的現代日本流浪漢

現今日本有著各種的災害，可說是大瘟疫的新冠疫情也正流行著。儘管如此，在我們可見之處，日本幾乎看不到有人在乞討。

我以前看到的乞討者，那也不是最近而是很久以前了，是在新宿御苑的入口前，有兩、三個躺在鋪在地面的紙箱上睡覺的人。只是不知他們是真的貧窮，還是喜歡過著嬉皮風格的生活。

而且，據說在那些流浪漢當中，有人患有糖尿病，或者是在涵洞下方看著報紙，如此樣貌讓其他先進國家的人們感到吃驚。日本人的識字率非常高，因為日本的義務教育一直到國中，所以每個人都是識字的。但是，還有很多國家存在著許多不識字人口。如果沒接受過適切的教育，就無法看懂報紙。

也就是說，日本的流浪漢不用乞討，也可以得到剩菜剩飯。他們可以從便利商店拿到超過販售期限而遭到丟棄的食物，也可以從餐廳等得到食物。而且，如果擁有可以閱讀報紙的能力，那就意味著此人能在其他地方工作。

即便至今仍有一定人數的失業者，但他們能得到政府的福利金也有著積蓄，或者還能拿到各種補助，所以不至於得去乞討金錢或食物。在某種意義上，這也算是社會的一種進化。

「世間是靈魂修行之地，人生是一本習題」之真相

雖然我經常對共產主義進行批判，但是即使共產主義受到世界這麼多的批判，在過去一百多年以來，共產主義仍廣佈於一定的人數。就算是被稱為反對陣營的自由主義陣營，有時若是不採取一些共產主義政策的話，就有可能會失去選票。

所謂「共產主義政策」，即是指社會福利。即使不能將人們的財產公有，

完全實現平等，但是作為共產主義的替代方案，先進國家會從高收入者和財產比較多的人那裡，以各種名目課徵稅金，之後再發給那些生活困難的人們，使財富平均化。這意味著先進國家在政策上，正採取著類似共產主義的作法。

只不過，資訊是否正確，每個國家的狀況各有不同。在軍事政權的地方，為了達成統治目的，人們難以透過自由的經濟行為帶來繁榮，因此普遍存在著貧困與疾病。

但是我必須要強調，如同我之前所述，這個世間終究僅是一個靈魂修行之地。無論貧窮還是富有，無論是否握有權力，這個世間終究是作為靈魂修行之地而存在，身在其中的你被賦予了一本習題，看你要如何解題。

生於承平時期的人，或許可以享受難得的幸福。如果生在戰爭時代，無論願不願意，都必須要在槍林彈雨中，為了生存拚死戰鬥或奮力逃命。

此外，現代的戰爭會出現核武、炸彈、導彈，那不會僅是殺死特定之人，而是在不知不覺之間，一整座城市都被消滅。待人們回過神時，自己在世間的生命已經結束。

如此時代的變遷，讓人們在世間有著各種不同的生活方式。

2　人的靈魂經驗中不可忽視之事

以自我為中心、獨佔欲強的人，有時會變成「不如動物」的存在

然而，人終究必須在各種文明、文化中，或者是在戰爭與和平或中間時期，累積各種靈魂經驗。我希望各位能從中學習到，「無論在任何環境下，都要去探究作為一個有著靈魂之人，應該如何生活」。換句話說，就是「千萬不可忽視自己的靈性」、「不可迷失了那個有著靈性人格的自己」。

一旦變得富裕，就有可能會迷失。有了太多的金錢、富裕、權力，就很

容易變得迷失。但就算是貧窮，如果讓你陷入物質主義的話，你也會變得認為「物質就是一切」。

當你的生活陷入最低水平時，確保食物就會變得很重要，進而你的生活方式就會變得很動物化，每天盡是想著要如何才能獲得食物。動物會想著如何才有東西吃，或是怎麼樣才不會被吃掉。對動物來說，最糟糕的就是被吃掉或是被殺，因此他們只滿足於如何才能填飽肚子，這是動物世界中的常態。

在這當中，動物們也下了各種功夫。有的動物身上會長出作為武器的東西，有些動物會長出獠牙或尖角，就像是刺蝟背上長滿了刺。有些動物還能潛水、飛行、飛奔。為了保護自己，或者是為了活下去，他們都被賦予了某種特徵。

而對於人類來說，在確保自己能在世間生存之時，讓自己避免度過像是動物一般的生活就變得很重要。

所謂「像動物一般的生活」，那即是我經常教導各位的「不可自私、不可以自我為中心」。這是為什麼呢？因為不管是動物或是人，自然地就會變得「自私」。當你出生之後，你就自然地會變得自私。想要獲得食物、想要珍惜自己的性命、寧願別人死也不能自己死、不希望與人分享食物、想要有家、想要好工作，想要各式各樣的東西。

這些都無可厚非，因為人的本能使然。人類處於動物屬性的延長線上，不知不覺就會變成那樣。

然而，有時候人會不如動物。

如果是動物的話，即使是肉食性動物，只要牠填飽肚子，就一定不會再貪吃。獅子在狩獵時，會成群襲擊羚羊或斑馬並吃掉牠們，一旦吃飽了，就不會再狩獵。所以，就算是草食性動物在獅子睡覺的地方奔跑，也不會被吃掉，因為牠們知道獅子吃飽之後就不會再狩獵。當獅子吃飽之後，大約可以四天左右不進食。

然而，人類卻沒這麼容易滿足，有時候人的「欲望」會進一步增強。人會想要儲存更多食物，或者儲存可以買到食物的金錢或東西。如果那些東西數量有限時，人就會興起想要獨占的想法，或者是出現由自己親近之人全部壟斷的念頭。

有一些老闆，為了能獲得更多的客源，就會出現「最好其他店面都倒閉，客人都到我這裡光顧就好」的想法。又或者是，當人們創業之後，當然希望規模能夠越來越大，但有些公司在發展壯大之際，不惜犧牲其他公司的利益。一間大公司的出現，卻讓其他公司都倒閉了。有些公司會故意引發產品短缺，藉此哄抬價格，以謀取巨額利潤。

從職業選擇所見之現代高等教育的問題點

在現代，流行的職業以外商居多，到國外留學，學了經營管理和金融知識回來的人當中，許多人不會去從事商品銷售或提供服務等普通的工作。他們會買下某些弱勢企業，之後進行裁員並抬高公司股價，一年之後再賣掉這間公司。這就是所謂的併購（M&A），併購其他公司之後抬高股價，然後再賣掉獲利。現在有人從事著這種行業，現今被認為頭腦比較聰明的人，似乎會傾向於做這樣的工作。

也因此，大學填志願的順位也和以往不同，發生了一些變化。

在過去，人們認為「從東京大學法學系畢業進入了公職，之後就能出人頭地」，所以法學系的人氣一直居高不下。如今則變成了「如果從經濟系畢業，將來在外商的收入比較高」，所以經濟系變得很受歡迎。儘管如此，如同前文所述，很多人不是透過正當的買賣賺錢，而是透過操縱虛擬的數字，利用價差來獲利。許多頭腦很好的人都走這條路。

利用數學賺錢，這與以物易物的原始人比起來，實在是進步太多了，但我認為，其中存在著非天國般的事物。

有人創業的目的，是想透過幾十年的努力，為社會做出貢獻，世人用著自己公司的產品，讓世界變得更豐富、便利。也有人創業的目的，是為他人提供服務，讓人們的生活更方便、輕鬆。然而，也有人不以造福社會為目的，只是單純地從利益出發。當我聽說頭腦聰明的人都跑去做那類之事時，我不禁擔心

「這真的沒問題嗎？」

此外，還有人覺得自己的頭腦很聰明，所以去唸醫學系。

的確，無論哪一所大學的醫學系，每年招生名額也只有一百人左右，全日本的醫學系學生的總數，也不會超過一萬人。如果是為了保護醫生這個職業，那麼把人數控制在這個數量也沒什麼問題，但有些人是因為頭腦聰明才去唸醫學系，在那其中有不少人其實並不適合當醫生。

也就是說，如果是出自於「想挽救他人的生命」、「想治療病人」等想法，因為自己的親友當中有人因疾病或事故去世而決定學醫，或者是看到身邊的受傷之人或自己被醫生拯救，進而興起「想要治病救人」的想法的話，這些都是菩薩之心。但如果是因為成績很好，所以想進名校醫學系，或是想要證明自己很聰明，進而學醫的話，那麼這些人和先前所提到的靠收購公司賺錢的人，或許有著相似之處。

由於這一行的收入很高，或者因為進這行業很難，所以才選擇進這行的話，或許這與該職業原本的使命是相違背的。

我經常思索，究竟什麼是「頭腦聰明」。如果說頭腦和人工智慧越接近就越聰明的話，那麼人最終就可能變得像機器一樣。此外，透過人工所完成的工作，當然比較會容易出錯，一旦用精密的機械作業，出錯率就大幅降低了，進而會導致人們認為機器比人還要來得偉大。

的確，從完成這世間工作的這一層面來說，精密機械確實很方便，但也因此出現了逐漸喪失人心的傾向。當人類逐漸接近人工智慧，或者是逐漸成為像是電腦等機器的附屬品那樣的話，很多人就會對自己的心有所迷失。

當我與高學歷的人對談，我發現他們當中有人擁有非常多的專業知識和技術，讓我覺得他們就像機器一樣。不過有時會讓我想問「這些人的心都去了哪裡呢」。

現今日本的教育體系已經忽視了人心，有很多東西學校都不傳授。即便在那些有著信仰，把宗教作為國教的國家當中，有些國家越是到高等教育，就越是重視傳授世間的知識或技術，與心有關的內容則是都不傳授。

在一部著名的電影當中，有著這樣的情節。

一名學生選修了哲學課，上第一堂課的時候，教授跟學生說：「每個人都寫下『神已死』，不寫的人就沒有資格上這門課。」這是來自美國的故事。

之所以這位教授會如此要求，是因為他認為如果學生不否定神的存在，就無法理解他的哲學課內容。不過有一位有著信仰的學生加以拒絕，說著「我寫不出來」。於是教授便警告他：「這樣你就會不及格，若是你的成績不夠好，就會影響未來就業。」後來，他的女朋友還跟他分手了。對他來說，這是一個能否堅持信仰的考驗。我記得我曾看過這麼一部電影。

很遺憾的，與蘇格拉底、柏拉圖時代的哲學相比，現代哲學經常成為一種否定靈界存在的學術研究。哲學變成非常地功利主義，僅是努力去探究「透過高度發展的機器、電腦處理某些事例、數據，最後會出現何種結果呢」。

在「人生的岔路」上，考驗人會做出何種選擇的靈魂測驗

・選項① 鐵軌上的一個好朋友與五個陌生人，你會救誰？

我在電視上曾看過著名的哈佛大學麥可・桑德爾（Michael Sandel）教授的哲學課，他在課堂上提出了這樣的問題：「你正在駕駛火車，前方軌道分成

兩條路線，你必須選擇要走哪一條路線。右邊路線的軌道上，站著自己的一個親友。左邊路線的軌道上，則是站在自己不認識的五個陌生人。你會把火車開往哪個方向？火車無法突然煞車停止。你會怎麼做？」這是一個讓人很難回答的問題。

學生各自給出了不同的答案。

有人說著，自己的親友站在前面，所以無法輾壓過去，然而那五個人是自己不認識的人，所以選擇往那五個人的地方開過去。也有人說，每個生命都是平等的，如果是一個人對五個人的話，那麼我選擇讓一個人死就好了。

這是一個有點作弄人的問題，但據說這位教授進行了很多類似這樣的實驗。

•選項② 掉進水裡的兩個人，你會救誰？

此外，還有類似的問題，「你划著一條小船，池塘裡有兩個溺水的人，你會救誰？一個是你的親人，一個是素不相識的陌生人」。

假設你在划船，看到有人溺水，一個是自己的母親，另一個是首相，你會去救誰？

如果是從公眾的角度來看，有人可能會心想「首相做著比母親還重要的工作，所以必須得先救首相」，但此人可能心裡又會想「可是我怎麼能對養育自己的母親見死不救？那樣我豈不是會悔恨終身！反正首相死了之後，還會有另一個首相接任啊」。

「究竟該如何抉擇」，只能憑每個人當下的判斷，而那般內心當中的糾結、衝突，即會成為磨練己心的材料。

・選項③　去救無力自救的人，還是去救自己的親人？

類似的對話也曾出現在三木孝浩所執導的電影「我們的存在」當中。電影當中出現了這樣的對話：「如果有兩個人溺水，應該去救那些無力自救的人，還是去救對自己比較重要的親人呢？」

主角之一被責問：「為什麼你跑向那個女的那邊呢？」他回答：「因為她快要淹死了啊！她不會游泳，沒人去救她，我只能去救她啊！」他的朋友看到他放著一直等著他的女孩不顧，而是去救了另一個女孩時，便對他說：「你在說什麼啊！一直等了你五年的那個女孩，她不是也溺水了嗎？」

對於一部青春偶像電影，或許得加入如此有趣的對話，但其實「一個人會不會被淹死」，不是能那麼容易判斷的事。

人生有許多這樣的岔路，「放棄什麼、選擇什麼」、「對什麼死心，選擇走上哪一條路」，如此岔路會接連不斷地出現。屆時，你會經常後悔於「如果當時我能那樣判斷，如今就不會是這種結果」。

再說，無論選擇什麼，通常都必須要捨棄另一個選項，這實在是令人非常痛苦。

但是，雖然痛苦，這卻是與學校的考試有著不同意義的「靈魂測驗」。

・選項④ 當信仰與家庭的價值觀產生碰撞之時

又比方說，正當你覺得終於遇見了幸福科學的信仰，並認為「這是一個正確教義」，打算予以追隨時，但你父母年輕的時候，還沒有幸福科學這個宗教，他們對此並不瞭解，於是他們便勸你說：「新興宗教有很多都很奇怪，不要相信那種東西。」有時會出現這樣的情況。

有些從鄉下到大城市求學的大學生，他們的父母還可能會威脅說：「你要是去參加那種宗教，我們就不寄給你生活費了！」此外，那種很排斥宗教的父母甚至會說：「我要和你斷絕關係，就當沒有你這個孩子！」我想有些人曾遇過類似的經歷。

此外，還有另一種情況是，結婚當時雙方都沒有宗教信仰，但是結婚以後，一方開始有了信仰，另一方就會覺得「當初沒有說你會有信仰」、「這跟當時條件不一樣」。若是妻子或先生某一方有了信仰，另一方是一個唯物論者或宗教否定論者時，即便至今兩人的工作沒有改變，家庭關係也沒有改變，一旦某一方「內心有所改變」時，有時另一方就會要求停止參加宗教活動。假如出現了這種情況，另一方就可能會要求「停止信教」，有時甚至會提出離婚。

在家事法庭當中，這的確能作為離婚事由之一。如果有人太過於熱衷於宗教，對家庭事務不顧，另一半的確可以向法院訴請離婚。

另一方面，即使憲法中承認「信仰的自由」，但確實也有一些人對宗教太過於熱衷，進而拋棄了妻小，或者拋棄了丈夫。那實在會變成一場十分艱難的價值觀之戰。

當事人越是熱衷宗教，周圍的人就越是會對此人冷眼相看，甚至有人會對此人說：「你會毀了你的人生喔！」或許他人的說法並非出自惡意而是善意，但是此人的處境實在是非常艱難。

3 世間的常識與信仰之戰

耶穌要求人們選擇信仰而非世間常識

根據耶穌的話語，一般人們認為「基督教是一個宣揚愛與和平的宗教」，然而，有時耶穌卻會講述與此相反的話。

耶穌曾說過：「你們不要想我來是叫地上太平，我來並不是叫地上太平，乃是叫地上動刀兵。」還曾說過類似於「我是為了讓夫妻決裂、親子決裂、家族決裂、為了興起爭鬥而來的，我是為了把劍給帶來的」的話語。

一個家庭是否真的會分崩離析，要視情況而定，耶穌的話語或許並不適用於所有的情況，但肯定會有家庭因為信仰而分裂的情形。即便某一個家庭的成員們，透過共同的信仰進而和樂融融，但其他的親戚可能信仰著不同的宗教，為此會發生「宗教戰爭」，雙方沒有辦法再相處下去。

又或者原本大家都是信徒，但是途中有人拋棄了信仰，繼而無法再和家人待在一起，只能分居或離婚。

也因此，即便是宣揚愛與和平的耶穌，有些人能從中看到其真理，有些人卻看不到。在這世間當中以為自己能看見真理的人，有時其實是「盲目」的。反而那些被認為「不知常理」、「不理解他人的善意」的人，有時才是真的能看見真理之人，其他人反而看不見。

因此，各位有時會面臨困難的局面。

越是一個平凡的人，不管在職業或家庭都很平凡，或者是此人只滿足於五次元善人界層次的信仰，只希望自己能成為一個能和人們和平相處的好人，那麼此人可能會適時收斂鋒芒，妥協地度過一生。

但是，如果此人有著強烈的使命感，狀況就有所不同。一個有著強烈使命感，認為自己必須要完成某些事之人，是不會那麼容易被他人勸阻的。這樣的人會捨棄一切，選擇能實現真理之路。請你試著捫心自問，自己是不是這樣的人。

此外，你也會遭逢試煉，測驗你是否是一個在遭遇逆境時，也能予以克服之人。有人在那過程中會放棄，也有些人會加以妥協。縱使遺憾，但就是會發生那樣的事。

譬如，幸福科學創立了名為「幸福科學學園」的學校，目前有關西分校和那須本校兩個校區。有些學生從那裡畢業以後，會進入教團創建的幸福科學大學，但也有不少畢業生會去就讀一般的大學。

遺憾的是，在進了一般大學之後，特別是分數較高的大學，很多人失去了信仰，或者是對信仰產生了懷疑。

那是因為沒有信仰的人，在人數上多上許多所致。如果是「一百對一」，或「五十對一」，也就是「信仰幸福科學的只有你自己一個人，其他四十九個學生都不信」的話，在這種情況下，此人越是認真地、不加掩飾地按照自己的信仰行事的話，就越是會被孤立，進而變得必須承受很大的痛苦。

此時，比方說那是一個女生，有一個男生為她感到難過，進而與她交朋友，最後成為了她的男朋友。即便這個男生是一個無神論者、唯物論者，或是一個非常世俗之人，這個女生也會覺得此人是拯救自己的英雄，選擇抓住這段戀情，將信仰拋諸腦後。現實中，如此例子很常見。

終究這是有無信仰之人的比例問題，如果週遭人們都擁有信仰，那麼自己的信仰就能得到保護，但若是到了一個沒有信仰的地方，終究就得把自己的信仰隱藏起來，像是江戶時代祕密信仰耶穌的那些人一樣。又或者一點一點地表態，一方面透過接受人們的一般價值觀，一方面與人們保持一定的距離來往。比較靈活的人的確可以做到如此程度，但仍舊會因為某些行為，而引人注目。

即使與世間的價值觀相悖，釋尊也努力建立社會信用

現今，沒有人會因為是幸福科學的信徒，進而被拒絕面試。

過去我在商社的時候，曾經擔任招募應屆畢業生的工作。在錄用大學生

時，我除了會參考「在校成績」或「面試者的性格」等多方面條件外，公司還會委託徵信社對這個人在學期間的各種狀況進行調查。

大致上面試會持續三天左右，過了三天之後，徵信社就會回覆調查結果。譬如，若是詢問「這個學生是怎麼樣的人」，對方就會攤出此人學生時代的所有人際關係等資料。

即使這個學生的條件很好，但若是他的朋友有著很多問題的話，公司就會依危險程度區分成A、B、C、D、E、F的等級。若是分到A、B、C三個等級的話，還說得過去。一旦被劃分到了D、E、F的話，那就很危險了。

要是此人的朋友中有著「有點危險的朋友」，譬如，徵信社會說「此人的好朋友中，有人從事左派的革命運動」、「此人進入公司之後，或許也會做出類似的危險之事」、「此人求學期間曾做過這樣、那樣的事」等等。令人驚訝的是，徵信社竟能鉅細靡遺地調查到如此程度。

他們也會對求職者的宗教信仰進行調查。這是我當時負責招募新人的工作時的事，所以我還任職於公司，當然還沒有幸福科學的存在，不過徵信社連這個人是不是創價學會的信徒都能夠知道。

此外，對於在進入公司前沒有被調查過的人，進入公司後也會被調查。當時，創價學會也有著總本山道場，信眾每年都會在固定的日子前往大石寺參拜。所以在那一天一定會請假的人，就會日曆上畫一個圈。如果每年都是如此的話，那麼就能確定此人就是信徒，進而會被打上一個「S」的記號，這個「S」就是「創價學會」的意思。公司會調查到如此程度。

所以，有些公司會不雇用信仰某些特定宗教的人。

以幸福科學而言，在早期一九九〇年代，就在東京大學開設了「大川隆法著作研究會」。那大概是我舉行「黎明的時代」講演的時候（一九九一年五月二十六日，於東京大學舉行的講演。收錄於幸福科學出版發行《論人生之王道》）。當時，研究會代表成員的名字，其實早就被他們要去任職的單位知道了，但是後來他們還是進了銀行或政府單位，沒有受到什麼影響。因此，由此可看出幸福科學從初期開始，就已具有某種程度的社會信用。

所以說，信仰幸福科學對於謀職不會有什麼影響，我很慶幸多少建立了一定程度的信用。

然而，我想各位會有與世間的價值觀發生碰撞，感到快被撕裂的時刻。如此情形，不只是耶穌，釋尊也曾經歷過。

最初，釋尊獨自修行了六年，後來收了五名弟子。之後他到附近的村莊傳道，有一個名叫耶舍的人是當地有錢人家的兒子，從他開始追隨釋尊之後，信徒突然增加，達到了六十一人。就連穿著金鞋的有錢人家的兒子都加入了，村裡其他人也開始加入，信徒不斷地增加，有一種新興宗教般的狂熱氛圍。

然而，不久以後人們的非難卻接踵而至。「拜釋尊之賜，子嗣都被拐跑了」，一時之間傳得沸沸揚揚。「要小心啊！聽了他的說法，兒子就會出家不回來了」，諸如此類的說法開始流傳。

用現在的話來說，就是稍微演變成一個社會問題。當時的印度是長子繼承制，所以若是失去繼承人那可就麻煩了，於是那成了一個問題。

那時候的家庭普遍都有著不少孩子，所以之後釋尊在讓人出家之前，會確認此人是否為需要贍養父母、繼承家業的長子。

萬一是長男的話，釋尊就盡可能地不讓此人出家。但如果是長男以外的孩子，經父母親同意之後，就可以出家。所以釋尊是附加了那般條件，在世間當中畫出了某種程度的界線。

所謂樹大招風，無論是什麼，只要開始流行起來就會出現危險，或是受到社會的檢視。從這層意義上來說，幸福科學是一個罕見的宗教，會教導人們累積信用的重要。

信仰越是純粹，就越是容易忽視「世間之事」。但大多會扯你後腿的，都是「世間之事」。人大多會因此栽跟頭，所以我希望各位若是可能，在一定程度上，於世俗當中也能成為一個聰明人。

為此，作為一個宗教來說，即便有時我覺得有點過於親切，但我仍會透過各種機會，教導人們生活在這世間當中的智慧。我會教導各位，「一般來說若是你這麼做，周遭人們會給予何種評判」等等，如此做人處世的道理。

此外，我也教導著人們，一個能獨當一面的人，就代表此人是一個能對社會負起責任的人，所以在人際關係當中，終究要努力承擔起責任。

這些都是出自苦口婆心的善意，但我認為當你真的變得純粹、靈性的時候，世間種種對你來說就不再重要了。

將早期佛教的出家狀況「進行惡意利用」之奧姆教的反社會性

我從佛教書籍當中，了解到在釋尊的時代，因為離家出走出家的人太多了，弟子們受到社會的責難，甚至有人還將如此狀況做成了歌曲傳唱，於是釋尊開始揀選出家的人選。

然而，和幸福科學同一時期創立，但後來變成犯罪集團的奧姆教，反而惡用了原始佛教、初始佛教當中「反社會的一面」，他們大肆鼓勵人們出家，認為「就連釋尊都遭到社會的批評，所以我們這麼做也無所謂」。

但是，奧姆教讓人們出家之後，剝奪了他們所有的財產。他們會把人們的財產全都剝奪，存摺、存款、印章全都沒收，甚至有的時候還會把人們燒成灰燼。世間當中就是有可能會發生這種事情，對此必須要多加留意才行。

幸福科學在一九九一年，曾對某間出版社發行的寫真雜誌，進行了抗議活動，並且屢次被播放於電視節目當中。當時引發了大約一年左右的騷動，之後有一個韓國某新興宗教於背後支持的報紙《宗教新聞》，站在我們這一方。

報導中寫到：「閱讀《聖經》就會知道，即使是耶穌，看到有人在神的宮殿、神殿裡賣東西，也會說『真不像話！不許在我父親的家門前賣東西』，進而掀翻了小販的攤子，把此人趕走。用現在的話來說，當時耶穌就是堂而皇之地妨礙了他人的營業。所以，幸福科學所做的事情不也是正確的嗎？」

當時，我雖然感謝他們能支持我們，但另一方面，我也擔心我們被看作與他們是同一類的團體。翌年，在背後支持那報社的宗教，自認為「現在是人們能接受宗教活躍於世間的時代了」，進而大張旗鼓地弘道。但隨後便被眾多電視節目抨擊，不出一年便又偃旗息鼓了。他們看到幸福科學的活動，以為時機到了，沒想到一出來之後卻遭受抨擊，很快地就又變低調起來了。

到了一九九二年，有位時事評論節目的評論員說：「自從那個韓國的宗教出現之後，我就覺得去年我們是不是對幸福科學太刻薄了？」

後來有一次，那位評論員搭飛機的時候，碰巧坐在我的附近，我倆一打照面之後，對方突然露出了尷尬的表情，並對我說：「我一直有著『自己是不是做了壞事』的罪惡感。在那以後，世間還出現了統一教會、奧姆真理教等各式各樣的宗教，看到那些宗教，心裡一直有著『哎呀，我似乎做了不該做的事』

的內疚感。」

一邊建立世間的信用，一邊廣佈教義的宗教的應有之姿

雖然宗教有著各種差異，但幸福科學主張「真理是正確的道理，在某種程度上避免發生社會性摩擦的情況下，我們必須堂堂正正地去廣佈這個真理，不可以說謊」。我們從不騙人入教，也不使用障眼法，總是堂堂正正地傳教。

因此，即便我們的活動有時不被認同，但我們是從不說謊或欺騙的宗教，這方面我認為我們做得很徹底。

此外，我在尚未出家的時候，從事過有關財務方面的工作，所以我總是認為在金錢上必須要誠實守信，絕對不可做違法的事。

只不過，在弟子當中，偶而會出現不知不覺之間犯了錯誤的人。教團規模很大，所以總是會偶爾出現幾個不知世間規範的人。即便如此，各個機構都認為我們是一個鮮少引起麻煩的組織。他們認為我們有這麼多的信徒，應該會經常發生各種問題，然而他們從過去就一直說著「比較少聽到有糾紛的發生」。

從這層意義來說，雖然有時會有負重前行的感覺，在發展的趨勢上有點停滯，不過若是我們無法保有世間信用的話，就難以讓世人相信，所以我們一直努力維持著信用。

也因此，真的要像耶穌那樣「特異獨行」也沒問題，不過我們現在是稍微有些低調，在建立世間信用和基礎的同時廣佈著教義。

關於我的教義，世人對於「靈界」、「靈魂」等等，大多既看不見也不了解。此外，因為我也會講述與「外星人」有關的內容，這般話題一般人大多會覺得「特異獨行」。

我的基本態度是，即便我會加入合理性、理論性的思想，但我終究會講述出我認為是正確的事物。觀察過去幾十年幸福科學的態度，我想社會已經開始相信，我們只會說出自己認為是真實的事物。從某種意義上來說，我也正努力保護著信徒。

4 瞭解「主神」之愛，並傳遞出去吧

現今眾人認為所謂的愛就是從他人身上獲得

然而，雖然我正盡可能地在世間努力，但有一個情況，在本文的最後，我無論如何都得提醒各位。看到有人在世間受挫，即便有些是起因於「金錢」，但終究大多是起因於「愛」。

我們所倡導的愛是「施愛之愛」，我的教義皆是以此為中心。但是一般說到「愛」，人們大多想到的是「奪愛之愛」，盡是想著「要如何才能夠得到對方的愛」。

如果每個人都是「奪愛之人」的話，這個世間會變成怎麼樣呢？這就像是你經過商店街的時候，看到店頭擺著各式各樣的商品，你心想「啊，我想要這個」，然後沒付錢就直接把東西拿走了一樣。你想要的東西，別人也想要，但既然你想要這個東西，那你就必須付出金錢以正當方式購買，只是因為「我想要，所以我就拿了」是行不通的。當然，這不能相提並論，但如果這世間都是「奪愛之人」的話，那就沒有「提供愛的人」了吧？

只不過，「施予和索取」（Give and Take）和「只是索取」相比，「得到了多少就分給別人多少」，似乎要來得稍微好一些，但這僅是不增不減。然而，還有一個超越如此狀態的境界，也就是說，我希望各位能意識到「無私的愛」、「神聖的愛」。

提到「施愛」，人們會認為你很愚蠢。這些人會認為：「能夠多拿到一些才比較聰明。如何才能夠巧妙地、在不被發現的情況下獲得更多，那才算是聰明。

為此，進到了好學校就能有炫耀的資本、進到了好公司就可以吹噓一番，或者讓自己看起來像是出身名門的話，不就是能從別人那裡『吸取』到好東西嗎？這樣不才叫做『聰明』嗎？

在校期間成績優秀，不就是為了能在世間出人頭地？只要能出人頭地，不就可以獲得地位、掌握權力、贏得異性，或是獲取得社會的尊敬嗎？這不全都是好事嗎？

如果我是為了我自己學習，這有什麼錯嗎？」

為他人奉獻愛與德，並且拚上了自己性命的救世主之姿

人在年輕的時候，的確可以為自己學習，但一直這樣下去是不行的。

我認為，只為自己學習的年限，大概是到三十歲左右為止。在三十歲左右之前，為自己學習、為自己掌握某些技能、為自己學習某些才藝，為了提高自己的價值可以做很多努力，在某種程度上，這也擴大了自己人生的閱歷。但是超過了三十歲之後，終究必須要開始回饋社會才行了。

正是因為得到了父母的愛、得到了老師等世間各種人們的照顧，才有了現在的自己。既然如此，今後度過回饋給社會的人生，不是理所當然之事嗎？

屆時，除了「施予和索取」以外，應該還可以做到更多吧？若是付出的更多，終究就說明此人活在世間的時候，就已經成為四次元以降的世界之人。關

鍵就在於你的心態，但就是有人對此始終無法理解。

一般來說，「對自己親人的愛」會最先來到。你會愛身邊的人、父母親、孩子、兄弟姐妹，這種對「身邊之人的愛」、「對朋友的愛」會首先出現。接下來，漸漸地你會出現「對遠方之人的愛」，或者是「對公司、組織的愛」，抑或是「對國家的愛」等等。

最初，通常都是對於個人方面的愛，所以極端地來說，有時你看起來會像是一個較為利己主義者。

在這世間當中，被公認「頭腦聰明」的人們當中，有人是利己主義者，但有人卻不是。

一個利己之人，就算一開始會被人們欽佩，但不久之後，人們就不會再持續予以稱讚了。譬如，若是成績優秀、好的學校畢業、拿到了難以取得證照、考進了知名公司，人們會對此人說「這真是厲害」。

若僅是如此那還無所謂，但如果這些全都是為了獲得稱讚、為了獲得自身利益而做的話，那麼此人只會得到一些奉承話語，就僅此而已。

另一方面，那些超越了施予和索取，為了世間、世人奉獻一己之力，認為自己的能力，必須要用在為他人貢獻，有著如此想法之人即會出現一定的「德」。雖然此人不是為了要得到「德」，但他自然就會出現「德」。

譬如，美國影視作品「蝙蝠俠」當中，有一個「黑暗騎士」三部曲系列電影。蝙蝠俠是一名大富豪之子，他的雙親被殺，所以他決心要消滅城市當中的犯罪。他的家被燒了、公司也沒了、一切都失去了，連自己的性命都暴露在危險之中。在第三集當中，因緣際會下成為他搭檔的貓女跟他說：「你做到這樣已經夠了，沒有必要再繼續了，快逃跑吧！」但蝙蝠俠卻回答：「Not yet（還不行）。」

我的妻子很喜歡這句台詞，我時常會想起那個場景，蝙蝠俠說著：「不行，做得還不夠。」

之後他做了什麼呢？蝙蝠俠不僅與占領高譚市的惡勢力對抗，還把載運了即將爆炸的中子彈的自動模式飛機拖到了海上，讓炸彈在那裡爆炸，進而讓城市裡的人們得救。

在那之前，即便有人跟他說「你已失去了一切，做了你能做的了，可以停手了」，他只是回答「還不行」。我覺得這就是一種以美國英雄形式，所描繪而成的「某種救世主之姿」。

最終，你總是要賭上自己的性命，對此不可不明白。

耶穌講述的兩個「重要的教義」

耶穌曾被問過「什麼是最重要的教義」，關於這個問題，他是這麼回答的。

由於耶穌講述了眾多教義，所以信眾變得有些困惑，進而有人問道：「什麼是最重要的教義呢？」

耶穌回答道：「要愛你的主神，首先你要愛神，這就是最重要的教義。」

那麼，「第二個重要的教義又是什麼呢？」

耶穌則是回答：「要愛你的鄰人，此為第二個重要的教義。」

・①愛你的主神

說到「要愛你的主神」，聽起來好像神是一個利己主義者，但事實並非如此。不承認神的人，也就是不愛神的人，是無法真正去愛其他人的。因為此人有時只會為了自己的利益而愛，為了能為自己所利用而愛。

那與利己主義的愛不同，並且光是撒錢也不是愛。

所以，「相信神」就等同於「愛神」，相信神就是愛神。

並且，神也愛著靈界當中的人和活在地上的人，神愛著每一個人。所以，神為了愛而工作著，而神的一部分靈魂、分光，成為了眾多的大天使，並投身在這地上，賭上自身性命，為了拯救世人做著神聖的工作。

相信神的人越多，神的救世工作之規模就會變得越大，這就是為何愛神是最重要的教義。

・②愛你的鄰人

第二重要的，就是「要愛你的鄰人」。

戀人、夫妻、親子，朋友等，愛這些和自己有著利害關係的人，是屬於一般的道德並非壞事。

這在道德層面上很重要，但不可侷限於此，進而輕視愛神、妨礙真理在世間的弘揚，或者是儘管有很多人死後會墮入地獄，也不可以對他們置之不理。

雖然知道「此人會墮入地獄」，但如果因為「被他人知道我在傳教的話，會被誤解或迫害，在公司受到排擠」，於是便放棄的話，終究是不應該的。對於那些與自己沒有利害關係的鄰人、在人生旅途中遇到的各種人們，也應該要施予關愛才行。

也就是說，「施愛」就等同於「實踐對神的信仰」。

唯有超越利害關係，徹底地施愛，「神的教義」才得以廣佈

有一句話叫做「沒有愛心的，就不認識神」。這是約翰所講的話語，意思就是沒有愛的人，不知道什麼是神。所以反過來說，也就是「利己主義者們不具有信仰」。

我在前文中曾提到，任誰都會變得以自我為中心，人天生就會變得自私。昆蟲、動物也都是自私的，牠們會自私地為自己尋找食物，自私地讓自己能夠免於死亡。

人類不也是一樣嗎？基本上每個人都是以自我為中心進行判斷。

所以說，如果沒有人教的話，人是不知道「要去關愛他人」的。通常都是透過教導之後，才會知道必須要關愛他人。

此外，活在這個世間之時，人就察覺不到靈界的存在。也就是說，人是在看不見真實世界的狀態下活著。所以，耶穌當時說著：「你們其實和在黑暗當中摸索的盲人沒什麼兩樣。」

真正能看見的人，就會知曉來世之事、前世之事，以及靈界的天國與地獄之事。

若是想到「眾多人們今後會墮入地獄痛苦好幾百年」，進而興起「在人們還活在世間之際，希望人們至少能讀上一本真理書籍、聆聽一次真理講演、聆聽一首真理歌曲」的想法是理所當然之事，這就是「要愛鄰人」的意思。

也因此，反過來說，雖說愛神是最重要的一件事，但作為自己愛著神的證明，即是「愛你的鄰人」。藉由展現愛著那與自己沒有利害關係之人，即能證明自己「愛著神」。

耶穌即是說著如此話語。

宗教並非是公司。作為一間公司，只要能讓公司的從業人員吃飽，那就足夠了，若是還能夠賺到更多的錢，當然那也不錯。公司可以為能夠養活員工，甚至還能有多餘的錢感到高興，但宗教不能僅滿足於這種程度。

譬如，需要幸福科學的教義的人，不僅止於日本，更存在於世界各地。世界上有著許多貧窮國家，要他們獨自募款興建教會，不是那麼容易的事情。

但是，從根本上來說，並非是只要有錢，就能夠解決所有問題。

如果是一間企業，要在海外設立分公司，只要有錢就能辦到。

對於宗教來說，首先「要愛主神」，第二「要愛鄰人」，當如此愛的精神被徹底實現時，教義才得以廣佈。相信這個教義的人越多，在這世間經濟的原理、營運的原理的運作之下，教義即會自然地廣佈出去。

教義沒有廣佈，或許是因為各位的想法太商業化了，對此必須要加以改正才行，那表示各位還沒有完全地確信這是非常重要的教義。

缺乏如此確信，實在是非常遺憾。

在這世間當中，一個人的學歷、在學的成績，取代了此人的信仰。那些排名、頭銜，取代了神、佛、如來、菩薩。人們認為校名或成績，比什麼都來得重要。但這是一種膚淺的想法。

神的教義，從永恆的過去開始就被述說，而在日本，大學的出現是在距今一百年前，所以大學無法取代神。

過去我們在籌設大學的時候，各個私立大學的學者組成了一個新設大學審議會，討論幸福科學大學是否有資格成為一所大學。但這些進行審議的絕大多數人們，都不知道世界最好的大學、最古老的大學，都是從神學院開始的。

無論是牛津大學，還是哈佛大學，都是從神學院起家。所以，他們是從培育傳授神的教義的傳道士開始建立大學，當時的老師也都是傳道士。那就是「大學的起始」。

過了幾百年之後，這些大學都變成了綜合大學。但牛津和哈佛，原本都是神學院，所以他們一開始都是「幸福科學大學」。

長久以來，他們傳授著各種不同的科目，但人們似乎忘記了大學最初是如何開始的。修行者們向學生傳授神的教義，這即是大學的起始。

對此一無所知的人們，進行了新設大學的審議，說著「課程當中加入了宗教的教義，所以那不成學問，無法稱為大學」、「內容有著靈言的內容，所以那不成學問，無法稱為大學」。然而，若是沒有靈的話語、神的話語降於世間，宗教就無法於世間成立。因此，他們從根本上就沒有理解。

持續守護靈魂修行之地「地球」，了解統率宇宙的「主神」之愛

世間當中的技術和科學會更加進步，社會會變得更加便利，對此我完全沒有打算想加以否定，只要能有效善用即可。

現在我的法話也能透過不同的媒介，以各種方式讓人們觀看。此外，那還被轉錄成文字，進而發行成冊。這正是因為名為「現代」的這個時代非常進步，過去做不到的事，如今都做到了。我認為這是非常值得慶幸的。

然而，若是人們都朝著那些便利的東西屈膝，並捨棄掉那本旨之事的話，那我就必須清楚地說，那是「大錯特錯」的。

首先，靈性世界是實在的世界，在那最上方存在著神。

神是造物主，創造了人類及各種生物，
也開創了地球的歷史。
神讓各式各樣的人降生到世間、派遣到世間，
並且，創造了各種時代、各種文明。
在那過程當中，人捲入於時代的洪流，
經歷了幸與不幸，
亦有些人被濁流所吞噬。
在惡劣的時代時，神也仍然努力改變那時代。
即便是神的使者，也有很多人在那般時代當中死去。
但是，神的愛未曾停止流動。

幸福科學也發表著關於政治、經濟的言論，
這些言論出自於天上界，
是一種「必須要改變世間現有文明」的意見。
因此，請不要將這些意見，
與一般學者說的意見等同視之。

愛主神，非常重要。
因為主神比任何人更愛著所有的人。
所以，為此增添氣力、供給能量，
即是作為神子之人的使命之一。
沒有愛心的人，就不認識神。

不相信神的人，就沒有愛。
不了解愛的人，就不了解心。
不了解心的人，就不了解靈。
不了解靈的人，就無法抱持信仰、無法相信神。
這所有一切，就是一個循環。
要在這循環之中，以愛為中心看見神、看見靈性世界，
並且，希望各位能認識到，
「人與人之間，藉由著一道光而連結在一起」。

再進一步地說，
地球並非僅是為了自己而存在。

地球並非僅是為了地球人而存在。
地球並非僅是為了地球上的生物而存在。
地球並非僅是為了動物或植物而存在。
在這名為地球的星球上，
還有很多來自其他行星的人們，前來進行靈魂修行。
這雖然令人難以置信，
但是持續守護這個作為靈魂修行之地的地球，
也是非常重要的愛，
對此請各位務必有所認識。

第5章　彌賽亞的愛

後記

我的法從「愛」開始，以「愛」結束。
在那過程當中，我會講述眾多的「真理」與「幸福」。
你們要愛你們的主神。
那是最愛你們的存在。
請天真無邪地、率直地接受那份愛。
打從這世界的起始，到這世界的結束，
與你們同在的存在，那就是愛爾康大靈，

那也是你們的靈魂之父、靈魂之母。
我現在也愛著你們，並且永遠持續地愛著你們。

二〇二一年　十一月

幸福科學集團創立者兼總裁　大川隆法

HAPPY SCIENCE

幸福科學集團介紹

愛

幸福科學所稱之「愛」是指「施愛」。這與佛教的慈悲、佈施的精神相同。信眾透過傳遞佛法真理，為了讓更多的人們能度過幸福人生，努力推動著各種傳道活動。

覺悟

所謂「覺悟」，即是知道自己是佛子。藉由學習佛法真理、精神統一、磨練己心，在獲得智慧解決煩惱的同時，以達到天使、菩薩的境界為目標，齊備能拯救更多人們的力量。

建設烏托邦

我們人類帶著於世間建設理想世界之尊貴使命，而轉生於世間。為了止惡揚善，信眾積極參與著各種弘法活動。

幸福科學透過宗教、教育、政治、出版等活動，以實現地球烏托邦為目標。

幸福科學

一九八六年立宗。信仰的對象為地球靈團至高神「愛爾康大靈」。幸福科學信徒廣布於全世界一百多個國家，為實現「拯救全人類」之尊貴使命，實踐著「愛」、「覺悟」、「建設烏托邦」之教義，奮力傳道。

入會介紹

在幸福科學當中，以大川隆法總裁所述說之佛法真理為基礎，學習並實踐著「如何才能變得幸福、如何才能讓他人幸福」。

入會

想試著學習佛法真理的朋友

若是相信並想要學習大川隆法總裁的教義之人，皆可成為幸福科學的會員。入會者可領受《入會版「正心法語」》。

三皈依誓願

想要加深信仰的朋友

想要做為佛弟子加深信仰之人，可在幸福科學各地支部接受皈依佛、法、僧三寶之「三皈依誓願儀式」。三皈依誓願者可領受《佛說・正心法語》、《祈願文①》、《祈願文②》、《向愛爾康大靈的祈禱》。

幸福科學於各地支部、據點每週皆舉行各種法話學習會、佛法真理講座、經典讀書會等活動，歡迎各地朋友前來參加，亦歡迎前來心靈諮詢。

台北支部精舍
台北市松山區敦化北路 155 巷 89 號

幸福科學台灣代表處
台北市松山區敦化北路 155 巷 89 號
02-2719-9377
taiwan@happy-science.org
FB：幸福科學台灣

幸福科學馬來西亞代表處
No 22A, Block 2, Jalil Link Jalan Jalil Jaya 2, Bukit Jalil 57000, Kuala Lumpur, Malaysia
+60-3-8998-7877
malaysia@happy-science.org
FB：Happy Science Malaysia

幸福科學新加坡代表處
477 Sims Avenue, #01-01, Singapore 387549
+65-6837-0777
singapore@happy-science.org
FB：Happy Science Singapore

彌賽亞之法　從「愛」開始　以「愛」結束

メシアの法　「愛」に始まり「愛」に終わる

作　　者／大川隆法
翻　　譯／幸福科學經典翻譯小組
封面設計／Lee
內文設計／顏麟驊

出版發行／台灣幸福科學出版有限公司
104-029 台北市中山區中山北路三段 49 號 7 樓之 4
電話／ 02-2586-3390　傳真／ 02-2595-4250
信箱／ info@irhpress.tw
法律顧問／第一法律事務所　余淑杏律師

總 經 銷／旭昇圖書有限公司
235-026 新北市中和區中山路二段 352 號 2 樓
電話／ 02-2245-1480　傳真／ 02-2245-1479

幸福科學華語圈各國聯絡處／
台　　灣　taiwan@happy-science.org
地址：台北市松山區敦化北路 155 巷 89 號（台灣代表處）
電話：02-2719-9377
官網：http://www.happysciencetw.org/zh-han
香　　港　hongkong@happy-science.org
新 加 坡　singapore@happy-science.org
馬來西亞　malaysia@happy-science.org
泰　　國　bangkok@happy-science.org
澳大利亞　sydney@happy-science.org

書　　號／978-626-95746-2-9
初　　版／2022 年 2 月
定　　價／380 元

國家圖書館出版品預行編目 (CIP) 資料

彌賽亞之法：從「愛」開始　以「愛」結束／大川隆法作；幸福科學經典翻譯小組翻譯. -- 初版. -- 臺北市：台灣幸福科學出版有限公司，2022.2
304 面；14.8×21 公分
譯自：メシアの法：「愛」に始まり「愛」に終わる
ISBN 978-626-95746-2-9（平裝）

1. 新興宗教　2. 靈修

226.8　　111002063

廣　告　回　信	
台北郵局登記證	
台北廣字第5433號	
平	信

IRH Press Taiwan Co., Ltd.
台灣幸福科學出版有限公司

104-029 台北市中山區中山北路三段49號7樓之4
台灣幸福科學出版　編輯部　收

請沿此線撕下對折後寄回或傳真，謝謝您寶貴的意見！

大川隆法
Ryuho Okawa

彌賽亞之法

從「愛」開始　以「愛」結束

台灣幸福科學出版有限公司

彌賽亞之法
讀者專用回函

非常感謝您購買《彌賽亞之法》一書，
敬請回答下列問題，我們將不定期舉辦抽獎，
中獎者將致贈本公司出版的書籍刊物等禮物！

讀者個人資料　　**※本個資僅供公司內部讀者資料建檔使用，敬請放心。**

1. 姓名：　　　　　　　　性別：□男　□女
2. 出生年月日：西元　　　　年　　　　月　　　　日
3. 聯絡電話：
4. 電子信箱：
5. 通訊地址：□□□-□□
6. 學歷：□國小 □國中 □高中／職 □五專 □二／四技 □大學 □研究所 □其他
7. 職業：□學生 □軍 □公 □教 □工 □商 □自由業□資訊 □服務 □傳播 □出版 □金融 □其他
8. 您所購書的地點及店名：
9. 是否願意收到新書資訊：□願意　□不願意

購書資訊：

1. 您從何處得知本書的訊息：（可複選）□網路書店　□逛書局時看到新書　□雜誌介紹　□廣告宣傳　□親友推薦　□幸福科學的其他出版品　□其他
2. 購買本書的原因：（可複選）□喜歡本書的主題　□喜歡封面及簡介　□廣告宣傳　□親友推薦　□是作者的忠實讀者　□其他
3. 本書售價：□很貴　□合理　□便宜　□其他
4. 本書內容：□豐富　□普通　□還需加強　□其他
5. 對本書的建議及觀後感
6. 您對本公司的期望、建議…等等，都請寫下來。

IRH Press Taiwan Co., Ltd.
台灣幸福科學出版有限公司